信州暮らしのことわざ

目次

子育てのことわざ　85

食べ物のことわざ　105

仕事のことわざ　127

天気のことわざ　151

人付き合いのことわざ

敵《てき》に塩《しお》を送る

甲斐（山梨県）の武田信玄が東海方面への進出をくわだてていたおり、怒った駿河（静岡県）の今川氏と相模（神奈川県）の北条氏が結託して、武田氏の領内に対して一種の経済封鎖をしてしまった。それが「塩留め」だ。

塩を断たれるということは、民の命にかかわることにもなる。武田は領地に海を持っていなかった。それを見かねた越後（新潟県）の上杉謙信は、敵に塩を送る行為に出た。信玄の領有していた信濃・甲斐の国の民に謙信が塩を送った逸話は、こういう背景からである。

「敵に塩を送る」は、国同士、人間関係のいやなヤツ同士の折り合いの付け方として学ぶ知恵として受け止めるがよいということ。

両武将のいくさは、川中島の戦いがあまりにも有名である。だが、はなばなしい戦いのかげで、川中島平に住んでいた農民たちはたいへんな被害をこうむった。十二年も続いた戦いの最中は、田畑も耕してはいられぬというわけで、私の家の祖先はそのころ、西山の旧大安寺村（現長野市七二会）に逃げて、疎開暮らしをしていた。なんとも迷惑

上杉氏との戦いに由来する御陣乗太鼓

な合戦だ。戦国時代のいくさでは死者の数も、もっとも多い七千～八千人と言われているから、かりだされた兵士も農民も悲惨であった。だから、こんないくさを称賛するつもりは毛頭ない。

謙信を語るとき、よく「義」を重んじた名将だと讃える傾向があるが、過大評価は禁物である。能登半島の輪島市へ行き「御陣乗《ごじんじょう》太鼓」の由来など知ると余計、そんなことを思ってしまう。

「敵」の登場することわざ

▼敵に後ろを見せる＝おじけずいて逃げること。
▼敵は本能寺にあり＝真の目的が別にあること。
▼敵を見て矢をはぐ＝後手にまわること。

人と煙草《たばこ》の良《よ》し悪しは煙《けむり》になったあとで知る

表題のことわざは、煙草は煙にして吸ってみなければ、その味の良し悪しは知れない。それと同じく、人間も亡くなったあと煙になってから、その人の真価がわかるものだ、という意味。では、その真価とはなにかをひと言で問うたならば、生存中どれだけ他者を思いやれるかにつきるだろう。

「煙草を輪に吹く」ということわざもある。手持無沙汰で、煙草を吸い天井に向かって、ゆっくりと吐いているさまをさすが、今ではなまけている姿として言われることもある。江戸時代は、キセルから吐く煙を美しい輪の形になるようにしたり、それればかりかその輪の中に次なる小さな輪を吐いて見せるようなこともして楽しんでいたようだ。

かつては「煙草は非のうちどころのない愉悦の完全な典型である」と言いつつ、傑作を生んだワイルド（「幸福な王子」の作家・イギリス）ほか、多数の芸術家や科学者などに親しまれてきた煙草だが、残念ながら時代は変わってしまった。

信州大学では、「二〇一六年四月一日より全面禁煙」の宣言をだした。そういう時代になったけれど煙草を止められない人は、まだまだ大勢いる。オフィスの廊下の隅や、駐車場に出て吸っているのを見ると孤独感さえ感じられて、吸わない者から見ると、「そんなにうまいかい？」と、問いたくなる。これだけ煙草の害が喧伝《けんでん》される世の中で、からだによいと思って吸っている人は少なかろう。

煙草を煙にしているとき、自分が煙になったあとに残される人びとの気持ちも思いやってみてほしい。

「煙草」の登場することわざ

▼**えへんたら煙草盆**＝よその家へ寄ってあがったが、ちっとも煙草盆が出てこない。かと言って、要求するのも気が引ける。そこに生まれた知恵が、「えへん」と、ひとつせきばらいすること。だから、せきを聞いたなら、煙草盆を、という合図だと知ること。

▼**屁《へ》は笑い草、煙草は忘れ草**＝屁は笑いの種である。煙草は、くよくよした心配ごとを忘れさせてくれるものだ。

▼**火事場に煙草の火なく大水に飲み水なし**＝火事になると火がいっぱいあっても煙草の火を、というわけにはいかない。洪水の場合は、いくらたくさん水があっても飲み水にはならない。両方とも物がありすぎても役に立たないということ。

人の口《くち》に戸《と》は立てられない

　私たちの生活は、人と人との繋《つな》がりが希薄になってきているが、「悪事千里を駆ける」で、とかく悪い噂《うわさ》は足が速く、たちまちにして地域のコミュニティをかけめぐる。悪い噂を流されたら、事実とは違っても本人は止めることはできない。ようするに、吹聴して歩く人の口に戸を立てることはできないのだ。

　このことわざは、閉鎖的な村社会が普通であったころからのものだが、ネット社会となった現在では、むしろ拡散に輪をかける場合もある。では、どのような心がけですごせばよいのか。

　美空ひばりの伝記（『もうひとりの美空ひばり』小沢さとし・総和社）を読んでいたら、巻末に「ひばり語録」というのがあって、その中に、「一度吐いた唾《つば》は飲みこめません」とあった。この場合の唾は、唾そのものではなく、言葉を意味している。言った人間は自分の言葉に責任をもたなければならない、との自戒を込めての言葉だ。

　ひばりは、言葉の恐ろしさを身にしみて感じて大スターになっていったのだろう。だから、語録のトップには、「やくざも怖いけれど、ペンの暴力ほど恐ろしいものはありません」とある。十一歳にして笠置シヅ子のブギ歌などを歌って、こましゃくれているとか、さんざん悪態をつかれて成長していった。新聞や雑誌は、ペンによって非情なまでにたたたいた。悪い噂もたくさん世間には流れたが、本人や家族にしてみれば防ぎようがない。まさに表題のことわざのとおりだ。

「ねえねえ」と声をひそめて語り出す人の話に、建設的なものがあったためしはない。その場しのぎ、興味本位のものだ。そういうことを好むタイプの人間が巷《ちまた》にいることもたしかである。だからといって、自分までもがそれに乗っておもしろがることは悲しい。

たとえ悪い噂を流されても、松本サリン事件で濡れ衣を着せられてしまった河野義行さんのように、すっくと背筋を伸ばして耐えて冷静でいられるような強さをもとう。また、美空ひばりのような自信と愛を自分のものにしよう。

「人には何度も裏切られましたが、それでもいまだに私は懲りずに人を愛し続けています。裏切られた時の悲しさはあるけれど、その人を愛していた時間は幸せだったのだから、それでいいと思うからです」(「ひばり語録」)

人の噂《うわさ》も七十五日

この言葉は、世間の噂はよい事柄でも悪い内容でも七十五日もたてば消えていくものであるということだ。だから、悪い噂をたてられてもじっと我慢していれば、しだいに消えていくものだから、いちいち取り合わずに放っておけということ。なまじまわりの目を気にして、いちいち反論していると心身ともにまいってしまう。そうなったら、噂を流した張本人の思うつぼである。

なんで七十五日かというと、暦に一年を十五日ずつにわけた二十四節気というものがあり、それでは五節気で七十五日なので、そこからきているという説があったり、野菜などが収穫にいたるまで、だいたい七十五日なので、そこからきているのでは、という説もある。だが、七と五は日本人が好んで信仰や縁起に使ってきた区切りのいい語呂だから、というにすぎないように私は思う。

韓国では、同類のことわざは九十日だ。また中世の日本では、諸行無常を説く中で、人間に起こった出来事は百日あれば忘れるとしている。

現代は噂に満ちた時代。テレビ・ラジオ・新聞・週刊誌・インターネットと、噂の発生源にはことかかない。それらの噂は、他人の評判をおとしめようとするものから、地球の滅亡を予言するような大きなものまであるが、たいがいは良い噂より、悪い噂のほうがはるかに多い。なにかと不安をあおる世の中でもある。そして人間には防衛本能が働くせいか、不安のほうがどうしても頭に残りやすい。あやふやな噂を鵜呑《うの》みにして拡散に協力するよりも、きちんと事実を確認して対処したいものである。

「噂」に関係したことわざ

▼**火のないところに煙はたたぬ**＝無実であるなしに関わらず悪い噂が広がったりした場合、まわりの者は、その人になんらかの過失があったに違いないと思ってしまう人間心理からできた言葉。

▼**噂をすれば影がさす**＝人の噂をしていると、ちょうどその人がやってくることがあるということ。

▼**人事言《ひとごと》わば筵《むしろ》敷け**＝噂をしていると当人がやってくることが多いから、その人を座らせる席を用意するつもりで噂せよとの意味。

▼**噂を言わば目代《めしろ》置け**＝噂をする時は見張りを置いたほうがいいということ。

袖《そで》振《ふ》り合《あ》うも他生《たしょう》の縁《えん》

「他生の縁」を「多少の縁」と誤解しているむきが多いので、あえて取り上げた。生活の中で、わずかに話を交わすようなことがあったり、電車内や道路で「あ、すみません」とすれ違うような場面がある。そんな袖振り合うような、ちょっとした関係も仏教から説くと、前世や来世まで含む因縁をもった出会いであるから大切に考えようという内容。

「他生の縁」の信仰が色濃く反映されている伝説としては、こんなのがある。

熊谷《くまがい》次郎直実《なおざね》の娘、玉鶴姫《たまつるひめ》が、ある戦乱で行方不明になった妹を探しに出た。その先で川舟に乗った際、たまたま隣合わせて乗った客の袖と自分の袖がからまり、はっと思って見るとそれは探し続けていた妹であった。ふたりは抱き合って喜んだという。

長野市内には、玉鶴姫の墓だと言われているものがある。家族にも告げず仏道に入った直実が、善光寺で修行しているという噂を姫が聞き、父恋しさにたずねてきた。しかし病に倒れ死ぬ間際に父との悲劇的再会を果す。そんな経緯で墓がある——ことになっている。

ところで人類がこの世に誕生して以来、民族・人種を異にしても国、地域別に折り合いをつけつつなんとか生存してきたが、今ではそのことも日常生活に追われて忘却の彼方にある。日本人同士でも二人以上になれば仲たがいが生じる。やっかいな関係になったりする。その哀しさを仏教は説き、救済の道を示そうとした。それがこのことわざになったが、宗教は何を信じようが、人間は愛に生きなければならないということだけは不変の真理だと知ってはいるはず。それを実行に移すか移さないかが問われている。

玉鶴姫の墓

縁《えん》は異《い》なもの味《あじ》なもの

たとえば、人は列車に乗り遅れたり、受験に失敗したり不幸なことがおきると嘆くが、その結果としてふしぎな展開がはじまり、幸福をつかむことがあるものだ。ここで言う縁とは、夫婦の縁、男女のめぐり合わせのふしぎを説いている。

ある女性に言わせれば、男女が一緒になるのに運命なんてない。オスがメスを嗅覚でかぎ分け、オス同士が争ってメスを手に入れていくに過ぎない。それができない弱い者は自然淘汰《とうた》されていくのだと勇ましい。だが、そう断言してしまうと人類は想像力も文明も持たない単なる動物ということになってしまう。また、太宰治の小説、「思い出」や「津軽」で語られている赤い糸のエピソードでは、将来夫婦になる人とは、右足小指にくくりつけられた見えない赤い糸で、たがいに結ばれているのだよ、と学校の先生が語るというくだりがある。これが縁であり運命だとすると、人びとの人生は、生まれたときから創造主の手の中にあることになる。これでは人間の働きや努力の価値が入る余地がなくなってしまう。

動物的本能説も証明できないように、私たちが運命と呼ぶものについても証明できていない。だからこそ、なにか行動を起こしていれば、常識では考えられないようなことも起こりうるのだ。そこに物語が生まれ、文学も生まれる。

佐久市岩村田の鼻顔《はなづら》稲荷神社にケヤキと赤松が双生した〝縁むすび相生の樹〟がある。そこにお参りするとご利益があるとか。神頼みなど無意味だと思うなかれ。どこにどんな縁がまっているかわからないのだから。

「縁」に関係することわざ

▼**金の切れ目が縁の切れ目**＝お金を持っているときは、ちやほやもするが、お金がなくなれば人は去っていくものだ。

▼**縁あれば千里《せんり》**＝その人と縁があれば遠く離れた人と夫婦になることもあるが、縁がなければ近くにいても口もきかないことがある。

▼**縁と命はつながれぬ**＝人の縁も命もいったんなくなれば、またつなぐことは難しい。縁は大切にしなければいけないということ。

▼**破《われ》鍋に綴蓋《とじぶた》**＝破鍋はふちが欠けた鍋。綴蓋は修理した蓋。どちらも欠点があるが、夫婦であれば、おたがい欠点をおぎないつつ暮らせばよい関係ができる。昔は、貧乏人同士や、容貌などに恵まれない者同士という意味合いで使われた。

鳥は古巣《ふるす》に帰る

鳥ばかりか、すべてのものは故郷を思うものだという意味。

北信濃出身の高野辰之作詞の唱歌「故郷」(岡野貞一作曲)は大正三年(一九一四)に発表されたものだが、作者は今日ほど歌われることは予想だにしていなかったことだろう。

歌われることが顕著になったのは、平成に入ってからだ。それには二段階の節目がある。まずバブルがはじけた平成初期。そして東日本大震災後。震災後のそれは、故郷を喪失《そうしつ》した人びとやその悲しみに心を寄せる日本人の気持ちとしてわかりやすい。

では、バブル崩壊後との関係はなにか。それはバブルに踊っていた時代の人心の荒廃《こうはい》、開発による美しい村里の風景喪失を嘆《なげ》く気持ち、そしてそれ以前の貧しくとも心豊かだった時代をかえりみたいという心情であろう。

誰でも故郷は、昔の姿のままであって欲しいし、そこから離れてもふるさとを思う気持ちは抱き続ける。室生犀星《むろうさいせい》の「ふるさとは遠きにありて思ふもの」や、石川啄木《たくぼく》の「ふるさとの山に向かひて言ふことなし、ふるさとの山はありがたきかな」といった詩句が心にしみる。

けれど、「二度と敷居をまたぐな」などと言われて、都会などへ飛び出して行った者にとって、故郷は冷たいものだ。

放蕩《ほうとう》生活から帰った中原中也の詩に、「あ丶 おまえはなにをして来たのだ…／吹き来る風が私に云ふ」（「帰郷」）というフレーズがある。期待を背負って故郷を離れたもののなにものにもなれぬまま、封建的な気風が残っている田舎に帰るのはつらい。実家や親族に見放されている場合など、余計につらい。

しかし、そもそもふるさとは「呼べばこたえてくれる」居場所でもある。心して居座っているうちに、友情や助け合いなどが生まれる。似た境遇同士、仕事上の良い仲間も生まれることだろう。

「故郷」に関係したことわざ

▼**帰心《きしん》矢の如《ごと》し**＝矢のようになって故郷やわが家に帰りたいと願う気持ち。

▼**故郷へ錦《にしき》を飾る**＝立身出世して故郷へ帰ること。

▼**預言者郷里に容《い》れられず**＝すぐれた人物であっても、幼少から知っている身近な人にはそれほど評価されないということ。

柳《やなぎ》が歩めば花がもの言う

このことわざ、美しい若い女性たちが、楽しそうに語らいながら歩いていく——そんな文学的情景表現のことわざだと述べている人もいるが、違う解釈をしてみたい。

柳腰といえば、しなやかでスマートな女性の肢体《したい》で、顔までが美しいと感じさせるような表現ではある。美人のことを指していることには間違いあるまい。さて、その美人が通りを行くと、路《みち》の脇に咲いていた花が、「へっ、あんなに気取って」などと、かげ口を言う。花は女性にもたとえられ、誰もが美しいものの代表として認められている。これは美しさを競い合う女性たちが嫉妬をする心理を表しているのではないだろうか。

白雪姫の童話では「鏡よ、鏡、世界でいちばん美しいのは誰?」と、お妃《きさき》が聞くと、鏡は「それは、お妃さまです」とこたえる。お妃はそれで安堵《あんど》していたところ、後日、またしても気になって、同じ質問をしたところ、鏡は意外や意外、「それは、白雪姫です」とこたえたものだから、嫉妬《しっと》に燃え上がる。

男性の場合はというと、仕事の評価をめぐってなどの嫉妬が多いようだ。それをしずめる方法は、まず、めらめらと燃えさかる嫉妬の炎が小さくなるまで時間をかせぐことである。その間に相手の自分にはない優れた能力や性格などについて発見するよう努めることである。そしてある日、相手にひと言、そのことをつげてほめることで自分までが立派に見えてくる。

「柳」の登場することわざ

▼**柳で暮らせ**＝風にさからうことなく、柳は気持ちよくそよいでいるが、そのように人は意地を突っ張ったりしないで気楽に暮らすがよい。

▼**柳は弱いがほかの木をしばる**＝弱々しいイメージの柳だが、〝柔よく剛を制す〟のごとく、何本もの枝を合わせると、薪《まき》を束ねることができるのだ。

▼**柳に風**＝風になびく柳のように、逆らわないで上手に受け流すこと。

▼**柳の下のドジョウ**＝たまたま幸運があったからといって、いつも同じ方法で幸運が得られるものではないということ。

ササの葉先へ鈴をつけたよう

このことわざ、ササと鈴でイメージは風流だが、そのメッセージは、やたらやかましくしゃべったりする者への風刺《ふうし》だ。

笹というと、誰もが知っている「たなばたさま」の歌がある。これの作詞は、小布施町に疎開していた林柳波《りゅうは》が、権藤はなよの作に手をいれたものだ。

ささの　葉　さらさら
のきばに　ゆれる
お星さま　きらきら
きん　ぎん　砂子《すなご》

鈴というと、思い出すのは風鈴。小津安二郎《おづやすじろう》の映画のように――、日本間で原節子と笠智衆《りゅうちしゅう》とが向かい合って座っている。ゆったりとした会話の間に、風鈴の音が聞こえてくる。カメラは固定し、やかましいクローズアップも、人物がカメラに向かってしゃべることもない。静謐《せいひつ》な世界。小津安二郎は私たちの生活は無秩序でうるさいから、逆手にとった世界を、幻想ではあるが見せてくれたのだ。

このごろは、テレビ・ラジオ、その他のイベントでも、食べて、笑って、歌って踊って、過剰な演出で、落ち着かないことこのうえない。まこと「ササの葉先の鈴」のようである。にぎやかでうるさければ、人の目を引いて、心にも届くと思うのはまちがいだ。本当に人の心に届くモノは、過剰でもなく不足もない。それが本物であり、後世までのこる芸術、文化だろう。

似た意味のことわざ

▼**ヒョウタンの川流れ**＝ヒョウタンは軽いから、流れていくにもスイカやカボチャと違い、浮き浮きして落ち着かない。人間も腰の軽いのは困ったものだという意味。

▼**キツネを馬に乗せたよう**＝女に化けたキツネが馬に乗せてもらったが、動揺して落ち着かない様子をさす。また信用できないこと。

▼**立て板に水**＝立てかけた板を水が勢いよく流れていくように、よくしゃべることのたとえ。さらにしゃべるのが上手なことの意味もある。

▼**空樽《あきだる》は音が高い**＝空になった樽をたたくと高い音がでるように、知りもしないことを自慢げにしゃべることのたとえ。

転《ころ》ぶときは一歩でも南に転べ

大町市あたりで言われていたことわざ。ほかでも雪国に閉じこめられてしまうような土地では、わりと通用していた言葉かもしれない。意味は、結婚するときにはちょっとでも、南の暖かい地に暮らす相手のところへ行け。家を建てるにも少しでも雪の少ないほうに寄って建てろといった内容だ。雪の多い苦しい生活から脱出したいという願望であろう。

けれど、豪雪地帯に住む人びとでも、「住めば都」のことわざがあるように、生活の知恵を出し合って幸せを感じている者もいるから、かならずしも北よりも南がいいとは言えない。だが、雪かきの膨大《ぼうだい》な費用と労力、これは体験したものでなければわからないことだ。それに耐えかねて、自分のかわいい娘などを嫁に出してやるときには、「こんな苦労はさせたくない」と、ふっと胸をよぎった正直な思いから、言い出したものであろう。

だが、南へ行ったからといってそれで幸せをつかむとは言いきれないのが世のならい。南の人間がみな、幸せな暮らしをしているわけではないし、地獄のような生活もあるのだ。反対に、北のほうへ嫁に行った者が幸せを味わうこともあるから、結局は相手や、その地域の人間しだいというところ。

生き別れは死に別れより辛《つら》い

長野県は、全国でもっとも多くの旧満州への開拓団、満蒙開拓青少年義勇軍を送り出した。その結果、敗戦とともに過酷悲惨な大陸での逃避行、収容所生活などをよぎなくされ、おびただしい数の人びとが死んだ。そして、生き別れも多数あった。

生き別れは、死別よりも再会の余地があるのだからよいのではないかと思う人もいるかもしれない。が、中国残留孤児関係の取材をしてみると、そんな単純なものではないことがわかる。わが子が死んだら死んだで悲しい——。また、生き別れになった自分の子を思うと、いてもたってもいられない悲しみに襲われる——。前者はわが子は天国にいって幸せになっていると思える想像力や信仰心が働くだけ微妙に違うといったところだろう。

私が取材した中で、とくに印象に残っているのは、収容所で病気と飢えに苦しみながら二人の幼い娘をやむなく中国人家庭にあずけてしまった母親の話だ。雪の中、ソリに乗せられて視界から遠ざかって行く姉妹を見送ったときのせつない気持ちの吐露《とろ》には、胸がつまった。「生木《なまき》を裂《さ》く」ということわざがあるが、その言葉でも足りない。

やがて引き揚げ船が出るときになって迎えに行くが、相手の家庭ではわが子のように育てたのだからと、出してくれなかった。泣く泣く帰国した彼女は、月に祈り、星に祈りの日々を暮らすうちに、残留孤児の里帰り運動が阿智村の住職、山本慈昭《じしょう》氏の先導ではじまると真っ先にその運動に飛びこんでいった。けれど、大陸に渡り連れて帰ることができたのは、妹だけであった。やがて姉のほうは、その後一時帰国できたものの、中国で病気で亡くなった。

山本慈昭像（阿智村長岳寺）

生活のことわざ

サルの尻《しり》笑い

サルが自分の尻のみにくさに気づかずにほかの者を笑う——。つまり、自分の欠点に気づかずに他人のことをあざ笑うことの意味。なんともサルには迷惑なことわざ。

サルといえば、地獄谷野猿公苑《じごくだにやえんこうえん》のサルに心がいく。露天風呂につかって気持ちよさそうに目をつむっているサルを見ると、思想にふけっている哲学者のようにさえ感じることがある。

この野猿公苑のことを調べていったら、サルが露天風呂につかるよう仕向けて観光資源にしたのだろうといった話があるのを知った。だが、それは真実とは違うらしい。ことのしだいは、あるとき偶然にか、子ザルが風呂につかることを覚えた。それがきっかけでほかのサルたちも温泉に入るようになったという。

地獄谷のサル（山ノ内町）

私にはこのほうが真実だと感じられる。現代人の多くはなにかにつけモノ、金を基準にした価値観を抱くようになってきてしまっているから、そんな話も生まれるのだろう。目に見えないものの価値が認められない、形や見栄《みば》えだけを気にする社会となった。道を歩くとき、鏡やガラス窓に自分の姿がうつるたびに容姿を確かめたり、髪型をチェックしたりしていまいか。それは、自分の虚栄心や優越感にとらわれていたり、笑われまいとする呪縛《じゅばく》の中にあるかのどちらかであろう。

この態度は、自らサルの尻笑いになりかねない。人にはかならず笑われるような欠点があるからである。ただ、他人に対してそれを口にしない知性があるかないかが、人間性の分かれ目だ。そして、もし自分がバカにされるようなことがあったら、太宰治の「笑われて、笑われて、つよくなる」という言葉をかみしめよう。

同じ意味のことわざ

▼目糞《めくそ》、鼻糞を笑う

▼破れ目から、隣の障子の破れを笑う

▼うみ柿（熟し柿）が腐れ柿を笑う

猫とバカは横座《よこざ》にすわる

ここでは猫とバカが一緒にされているが、猫もなかなかの智恵者で、わが家で飼っている老いたる猫は、私たちが疎遠な扱い方をしていると、玄関に置いてあるスリッパの上などに、どっさりとウンチをする。言葉をもっていれば、「なんで相手をしてくれねえんだ」と言いたげに。

さて、猫のことはさておいて、「横座」とはなにか、から入りたい。簡単に言ってしまえば「上座」のことだ。そもそも私たちの祖先は火を囲んで生活してきた。それが囲炉裏《いろり》の四角いかたちとなって定着すると、一家の主人はそのどこに座るか、が決まってきた。封建時代、家長は家族のうちでも一番エライ立場だから、座る位置も特別な場所として尊重された。

その場所は、古い家の造りを想起してもらえばわかりやすいが、土間《どま》のほうに向かって一番奥のところ。そこに横

かつてはどの家にもあった囲炉裏

長の敷物を敷いて座ったから、「横座」とも言われてきた。そこに座れるのは、家長のほかは僧侶《そうりょ》などの身分の高い者ぐらいだった。

そういうしきたりを知らずに黙ってその場所に座ろうものなら、無知な猫と同じバカもんと言われてしまった。古いしきたりを重んじてきた信州人は、格別気にする。だが、上座、下座は現代も会議や宴会の席で、その名残をとどめているが、こだわりすぎると座がしらけてつまらないものになる。

最近は、客を上席に導くときの決まりごととして、「おもてなしの心」を唱えているが、この言葉もあまりにも手あかがついて使いたくない気持ちだ。

封建時代の囲炉裏を囲む座の位置

▼**横座**＝主人が座る。土間に向かって一番奥。

▼**腰元**（嬶座《かかざ》・北座・鍋座《なべざ》・鍋代）＝横座の隣。主婦の居場所で、家の入り口（戸間口）に向いている座。

▼**寄り付き**＝腰元と対座の位置。子どもや客人の座。

▼**座尻**＝横座と対座の位置。年寄り・嫁・奉公人の座。

キジも鳴《な》かずば撃《う》たれまい

キジは鳴き声を発したばかりに所在がわかって猟師に撃たれてしまった。かわいそうに、鳴かなければよかったのに——というわけ。つまり、「口は禍《わざわい》のもと」に通じることわざ。

このことわざ、古くは狂言「禁野《きんや》」に出ていたもの。禁野とは、河内の国の天皇専用の狩猟の地で、天皇以外は狩猟をしてはいけない場所。狂言では、その地域に住む男が、やたらと弓矢を持った連中がやってきて荒らすので、こらしめてやろうと仲間と待ち構えていた。と、そこへある大名があらわれた。男たちとのやりとりの中で、「この野には、〝もの言えば父は長良の人柱、キジも鳴かずば射られまじきを〟という有名な歌がある」と教えるシーンがある。それが普及してか、信州の民話として名高い久米路《くめじ》橋の〝人柱〟にまつわる話の中にうまく取り入れられている。そこから知った人が多いのではなかろうか。

話は飛躍するけれど、「物いへば唇寒《くちびるさむ》し　秋の風」（芭蕉）にどこか通ずるものがある。モノが自由に言えない社会は異常である。

けれど松尾芭蕉は、そこまで飛躍してこの句を詠んでいるわけではない。人びとはよく他人の言わなくてもいい欠点を思わず口にしたりしてしまうものだが、その言葉を吐いたあとの後味の悪さといったらない。寒い秋風に唇をなでられたようなわびしさが残るものだ――という真意である。世俗の付き合いの範囲内に生まれた一首といってよい。けれど、この句が時代を経るにしたがって、社会・政治批判的ニュアンスをおびて、ことわざ化するようになった。

その典型的なのが、ここに記した異常な社会にモノ申す内容である。芭蕉の微妙な味わいとは離れてきている。会社や役所の職場の会議などで、立場の上下の差を意識して、言いたくても口を閉ざしてしまう体験は、だいたいの人がもっている。が、反動が返ってくるのを承知で、勇気をもって発言する者もいる。そういう勇気ある人は、その言葉を吐いたら、次はどうなって、失敗した場合、どのように責任をとらなければならないかまで、周到に計算しているはずだ。

また、上司は「物いへば唇寒し……」の感情を生まないような温かいフランクな人間関係が生まれる環境づくりに気を配る――。当たり前のことなんだけれど。

尺蠖《しゃくかん》の屈するは伸びんがため

尺蠖は尺取虫のこと。その尺取虫が、からだを縮《ちぢ》めるのは次なる行為に出るためである。前へ進むには、苦しくも、耐えるべきは耐えなければならない姿を象徴している。このことわざは、それに学べというわけだ。

三段跳びの選手にたとえるならば、まずは助走にはじまって、一、二、三で跳躍するが、一、二なくして三の飛躍はあり得ない。会社勤めにしろ、受験にしろ、大きく伸びるためには苦労や忍耐が必要とされる。

ところで、日本人には「忍従」を美徳として説かれていた時代があった。教育者・看護婦として活躍し、皇族以外の女性で日本で初めて受勲した新島八重《にいじまやえ》（一八四五—一九三二）は、夫の同志社大学を創立した新島襄《にいじまじょう》から教わったこととして、「信仰」「包容力」「憐憫《れんびん》の心を持つこと」に加えて、「堪え忍ぶこと」と、ある手記に述べている。

だが、それはこととしだいにもよるが、現代では結婚

からだを縮める尺取虫

生活や、権力下での「忍従」であったなら、あまりにも古風だ。苦境にあえぐなら、その打開に立ち向かう姿勢のほうがよりよい生き方となる。

このことわざは、見方を変えれば果実（成果）を急ぐな、ということでもある。樹木は地下に根を張っていくが、冬の間は休眠してそれを止めているかと思えば大間違い。春からのさらなる成長に備えて着々と準備をしていることを忘れてはならない。

「忍耐」に関係したことわざ

▼**辛抱する木に花が咲く**＝どんな困難があっても辛抱して乗り越えれば、やがて花が咲き実もなるということ。
▼**石の上にも三年**＝冷たい石でも座り続ければ暖まるように、忍耐が大切である。
▼**雨のあとは上天気**＝雨が降ったあとは天気がよくなるように、辛抱していればいつか喜びがくる。
▼**牛の歩みも千里**＝歩みが遅くとも努力していればかならず成果を得られる。
▼**待てば海路の日和あり**＝今の状態が悪くても、あせらずに待っていればチャンスがやってくる。

ニワトリは、三歩歩くと忘れる

このことわざは、ニワトリの生態やからだつきから、なるほどとことわざのイメージが目に浮かぶようだ。脳味噌も少ないのではと思わせるとがった頭。身近な動物でも犬や猫などは芸をしたりするが、ニワトリときたら、なにを考えているかわからない。古代から、夜明けを告げる人間とはなじみ深い動物ながら、不名誉な存在にされてしまった。三歩歩けば、もうさっきのことを忘れてしまう、ひどい忘れんぼうだというのだから。

けれど、人間に「忘れる」という機能が備わっていなかったら、これまた悲劇である。神様が、その機能を授けてくださったからこそ、昨日の友人とのいざこざに味わったみじめさとか、親しい人の死の別れの悲しみなどから、気持ちをとりなおして明日に向かって生きる希望をもちなおすことができる。それに至るまでの時間は、人によって違うが、忘れることの大事さをまず知っておこう。

次は、忘れないようにする知恵だ。私自身、いましがた薬を飲んだか、眼鏡をどこへ置いたかなど、日常茶飯事にそうした事態が起こる。ニワトリと同じだなどと思って苦笑するが、やがて悲しくなる。そこで、各種、物忘れ防止の本を読んでみたが、わかってきたことは、人間は老いも若きも、覚える能力には差がないということ。が、老いてくると、思い出す能力が衰えてくるんだという。

ならば、ガスの消し忘れ、カギのかけ忘れなどを防ぐには、どうしたらよいか。こまめにメモをする。ガスを「消した」などと、声に出してイメージとともに頭に入力する。このイメージ化が大事だ。熟知したモノと関連づけて記憶する。これが基本で、さまざまな物忘れは防止できるようだ。

「記憶」に関係したことわざ

▼ネズミ、壁を忘れる、壁、ネズミを忘れず＝危害を加えた側は、とかく忘れやすく、被害にあった側は、いつまでも忘れない。国どうしの付き合い方のモノサシでもある。

▼死んだ子の年を数える＝かわいい子が死んでしまい、生きていたらもう〇歳だ、と数える親の気持ちは自然で痛ましい。が、過去のことをいつまでもくよくよ言っていてもしょうがないという意味でも使われる。しかし、言うのもまた人間である証《あかし》なのだ。

ズクなし隣《となり》の御器《ごき》を洗う

「ズク」というからには、信州生まれのことわざ。

御器とは食器のことで、とくに椀《わん》などをさす。つまり、このことわざの意は、自分の家では、あまり仕事をしないくせに、よそへ行くと、その家の器などを洗い、ズクがあるように他人に見せて、見栄《みえ》をはるという意味で、見栄は、みっともないものだということ。昔は、ことわざを語るにも、こうした労働や仕事っぷりをたとえにだすことが多い。

現代、見栄を語るとしたら、そういう労働や生産に結びつくことではなく、結婚式のウエディングドレス、ブランド品を身にしたファッション、異性相手の高級レストランでの食事、高額な海外旅行などなど挙げられ、きりがない。こう書いてくる私の頭には、男尊女卑の気持ちなどさらさらないつもりだけれど、どうしても女性をイメージしてしまうのは、どうしたことか。

ただし、最近の調査によれば、男性のバレンタインデーのチョコについて、十八歳から六十歳までの男性三百人のうち、チョコレートを女性からもらったのではなく、自分で買った者が全体の一二・三パーセントとのこと。

その理由として、女性の誰からももらえなかったが、家族に見栄をはるため、という回答が三五・一パーセントいたということだ。さみしかったからという回答が、二一・六パーセントもいたというから、あながち見栄は女性の専売特許でもなく、男性にも多いようだ。

とかく見栄というものは、なにかにつけ話題になるが、内容はどうしてもネガティブとなる。

「見栄」に関係したことわざ

▼**見栄はるより頬張《ほおば》れ**＝見栄をはっても、腹はいっぱいにならない。それよりも食うものをしっかり食って、からだを大事にせよ。虚栄より実利を優先せよということ。「**花より団子**」と同じ。

▼**名を捨てて実を取る**＝名誉は人に譲っても、実利を優先したほうが賢明だ。

▼**内裸でも外錦**＝「**武士は食わねど高楊枝《たかようじ》**」と同じで、たとえ貧しくてもそれを表に出さないこと。やせ我慢すること。

蕎麦《そば》の自慢はお里が知れる

信州はなんといっても蕎麦どころ。

蕎麦はやせた土地で育ち、冷夏で米がとれないような年でも、けっこう育つから、災害時などには活躍した。

だが、このことわざは、蕎麦のとれる場所は、標高の高い寒冷地がほとんどであるため、米がとれないような地域の出身者であることを揶揄《やゆ》している。

「なんだい、この蕎麦の味は――。おらほの村の蕎麦はうまいぜ」などと、有頂天になって悦に入っていると、「なんだ、おまえはそんな貧乏村に育ったのか、ははは」と、口で言われないまでも、思わせてしまうというわけだ。ただしこれは昔の話。昔は、信州人は山猿と言われ、傷ついた人もいた。

「おっしゃん（おじさん）どこだい、西山か、どうりで顔が真っ黒だ」とは、私が子どものころの昭和二十年代まで、山のほうに住む人びとをさげすんで実際に口にしていた言葉。

現代では、経済成長期のあの繁栄はなんだったのだろうと、文明の開花の行き着いた先の都市の荒廃、人心の荒廃に気づき、昔ながらの山の人びとの自然と調和した、ゆったりとした生活にあこがれる者が増えてきている。

山の廃村にあえて永住の地を求め、住むようになった家族もいる時代になった。そのほうがぜいたく、といった価値観も生まれた。

「蕎麦」の登場することわざ

▼**一蕎麦、二コタツ、三そべり**＝日々の暮らしの中で、「ああ、極楽極楽」と言えるのは、うまい蕎麦を食べ、こたつで暖まり、ねっ転がることだ。
▼**朝とろ、夕蕎麦**＝朝飯にとろろ汁をかけて食べ、夕飯には蕎麦が最高のご馳走。
▼**信州信濃の新蕎麦よりも、私ゃあなたのそばがよい**＝説明するまでもないが、蕎麦を持ち出しておのろけを言っている。信州蕎麦にとっては名誉な話でもある。
▼**蕎麦の赤すね**＝蕎麦が育つとき、茎が赤いと実がたくさんとれない。肥料が足りないと赤いまま。「おまえは蕎麦の赤すねだなあ」と言われると、未熟で使いものにならんということ。

日かげの豆もはぜるときははぜる

人は誰でも光を抱いて生まれてくる。そして、この世を一回だけ通る旅人となる。が、不幸にしてその光を輝かせることなく人生を閉じる人もあれば、まぶしいほどに輝かせる人もある。輝きの程度こそ違うが、下積みの暮らし、苦節何年といった者でも、願いをもって努力していれば、その光も輝くときがあるものだ。シンデレラのような、キラキラした境遇にならなくても。

埴科郡坂城町に生まれ育った、まばたきの詩人、水野源三（一九三七―一九八四）のことを思う。日かげと言えば、彼ほど世間一般の生活からすれば、日かげにいた者はない。九歳の時の高熱が原因で重度の障害を負い、まばたきでしか自分の意志を他者に伝えるすべがなかった。けれど、彼を思う家族の愛に支えられて、まばたきの信号により、心に浮かんだ詩を書きとってもらい、詩集が四冊も世に出るようになった。願

水野源三歌碑（坂城町）

いを深くもっていたから。人は、願いを捨てない限り、抱いてきた光を輝かせることができるのだ。

話はとぶが、『アンネの日記』で知られるアンネ・フランクは、ご存じのような隠れ家と呼ぶ日かげにいたが、おもての白日の世界にいた人びとよりも、言葉の力により光を放ち、今も感動を与えている。

「光」に関係したことわざ

▼**玉磨かざれば光なし**＝どんなにすぐれた才能や素質を持っていても、努力しなければ、その才能や素質が光り輝くことはないということ。

▼**瑠璃《るり》も玻璃《はり》も照らせば光る**＝「瑠璃」は青色の宝石で、「玻璃」は水晶のこと。物は違っていてもどちらも光を受けて輝くことから、すぐれた者は活躍の場があれば真価を発揮するということ。また、すぐれた者はどこにいてもすぐにわかるということ。

▼**使っている鍬《くわ》は光る**＝いつも使っている鍬はさびないのと同様に、いつも努力をしている人は、輝きをはなつというたとえ。

▼**一寸《いっすん》の光陰《こういん》軽んずべからず**＝わずかな時間もムダにしてはダメという戒《いまし》め。

ネズミの年とり

私は川中島平のど真ん中にある村の古い家で育った。夜になると、天井裏を群れて走り回るネズミの足音をよく聞いたものだ。ネズミは、農民にとっては害獣であるけれど、そんな天井での運動会のような音を聞くと、親しみさえ覚えた。

だから、正月の末日になると、「今夜は、ネズミの年とりだ」と親たちが言って、ネズミの出そうな場所に、モチやご飯粒などを供えた。ていねいな家では、にぎり飯にベロベロと呼ぶ、麦わらの先を折ったものを差し、釜や鍋のふたに三つならべ、やはりネズミの出そうなところに置いたそうだ。

それをやるのは、月の末日ではなく一月六日という者もいる。昔は、六日を「六日年越」と呼び、七日を「七日正月」として、もう一度年を取り直す日としていた。

また、県外では畑にボタモチやモチを埋めたり、トシダマと呼んで、米びつのそばに供えたりする風習がある。

そうしたネズミへの信仰は、ネズミが大黒天の使いであるからという以上に、自然界とそれに属するモノへの畏敬《いけい》や、「人間の立場からだけで考えれば敵だけど、アイツらにはアイツらの生活と、「言い分があるんだよなあ」といった、きわめて現代的な課題でもある共生への、悩ましい想いがあるからにほかならない。

日本に西洋の信仰や教育や流儀が入ってくるにしたがい、日本人の昔ながらの風習などは、ばかげた時代遅れのものという認識が生まれたが、世の中が市場原理一色に染まってしまった現代、人びとは先人が大事にそだててきた風習についても、立ち止まって考えるときになった。人間にとってなにが大事なのか、根本から考え直してみたい。

京都大豊神社の狛ネズミ

ネギと下手な浄瑠璃《じょうるり》は節がない

信州で浄瑠璃といえば、なんといっても飯田市の黒田人形浄瑠璃だろう。このことわざの意味は、その浄瑠璃の歌が下手だと、ネギに節がないのに似て曲折がなく、聞いちゃいられないということ。

たしかにネギには節がない。すらっとしていて皮をむくときれいだ。けれど、歌謡曲でも歌曲でもそうだが、歌い方にメリハリがないと、楽しく聞けない。若者のラップなんかは、内容が風刺《ふうし》であったりして言葉がわかると、なるほどと共感する部分もあるが、曲は平板である。

最近はお坊さんが、法事などでお経を読むときに、お経そのものには深い意味があるけれど、淡々としているので大衆にはなじみにくいだろうと、

元禄年間から伝わる黒田人形浄瑠璃（飯田市提供）

ご詠歌をはさんでくれることがある。ご詠歌は抑揚があって、聞く人の心にしみこむ。歌というものは、作曲者によって、意図的に昂揚《こうよう》して歌って欲しい節と、なめらかに歌ってもらいたいところを意識的につくる。それと同じように、小説家は、「起承転結」という言葉があるように、「転」の部分に読者が興奮して読めるような仕組みを創る。だが、だからといって、朗読する人がそれを意識しすぎて読むと、キザになってしまう。歌にしろ、朗読にしろ、つまるところメリハリさえ心得ていればよいということになる。

「ネギ」が登場することわざ

▼カモがネギを背負ってくる＝いいことが重なり、好都合であるということ。カモ鍋にはネギが必要だが、カモが自分でネギまで背負ってくるのはおあつらい向きだ。

▼倹約とケチは水仙とネギ＝水仙とネギは姿が似てはいるが、まったく違う。それと同じで倹約とケチは似て非なるものであるということ。

水は三尺《さんじゃく》流れれば澄《す》む

流れている水は、三尺（約九十センチ）下へ流れれば汚れがなくなるということ。よどんでいる水は腐るが、流れている水は腐らない。

川でオシメ（おむつ）を洗っても、ちょっと流れれば澄んでしまい、飲むことさえできるという。まさか、と思う人も多いが、少なくとも昭和二十年代はじめごろまで耳にしていた言葉だ。

昭和十八年（一九四三）、文部省発行の国定教科書「初等科理科　三」には、川で洗い物をしている着物、たすき姿の主婦らしい人の写真が載っている。水道の普及率が二〇パーセントの時代。

「野菜ハキレイナ水デヨク洗ツテ食ベヨウ」

「野菜ニハ、クワイチユウ（蛔虫《かいちゅう》）ノ卵ガツイテイルモノガアルカラ……」

こんな文章もついている。

野菜についた蛔虫を川で洗い流す。それを下流の人が飲み水に使う。これもまさか、と現代人は思ってしまうが、昔の人は、「桃太郎」の話のように、川で洗濯や食器洗い

長野県のシンボルとなっている千曲川

をした。農家の人は足を洗い、鍬《くわ》の土も洗い落とす場所が川だった。しかも、飲み水として使ってもいた。川に水神様をまつるのも、川は生活に必要な大事なモノであったからだ。このことわざは、川は神聖な存在であり、よって三尺も流れれば神様が清めてくれるという信仰からきているらしい。

　だが、過去のことは「水に流して」、明日に向かってたがいに仲よく生きていこうみたいな生き方の象徴として川が使われることがあるが、政治的に過去の日本の不都合な歴史までそういうわけにはいくまい。「水に流して」はいかにも日本人的発想だ。自分の過去を十分承知し、反省したうえで、振りすてることを自分に言い聞かせるならそれでもいいだろう。

牛に引かれて善光寺参り

信州人でなくとも、このことわざを知らない人は少ないと思う。今も昔も善光寺は大勢の参詣者でにぎわっている。

さて、このことわざを口にするとき、とくに信州人は、小諸の布引観音《ぬのびきかんのん》（釈尊寺）の伝説を頭に思い浮かべている。不信心で欲深い老婆《ろうば》が、川で白い布をさらしていたところ、一頭の牛が、布を角に引っかけて北に走り去ってしまった。老婆はなにごとかと、牛のあとを追っていくうちに善光寺にたどり着いた。それがきっかけとなり、老婆は信心にめざめ、たびたび善光寺に参詣するようになった。じつは老婆を善光寺に導いたのは牛に化身した観音様で、老婆は仏道にはげみ極楽往生を遂げたと言い伝えられている。この説話から普遍的教訓を端的に得るとなると次のようになる。思いがけないきっかけとか、人の誘いで、優れた道に導かれるものだ――。また、

伝説の発祥の地とされる釈尊寺（小諸市）

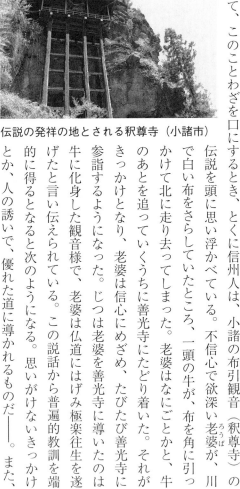

他人の誘いや思いがけない偶然で、よい方面に導かれることがある。

この物語の原型をたどっていくと、中国の仏教説話にいきつく。それを紹介しているのが、日本の「今昔物語」（巻七ノ二）。ある仏教不信心の老婆の家の敷地に牛が迷いこんできた。老婆は、自分の着物の帯をといて、その鼻につなぐが、逃げ出してしまった。その先に寺があり、牛は中に入ってしまった。

その結果として、老婆はお坊さんのお経を聴くこととなる。その後、老婆が死んだあと、娘の夢枕にあらわれ、仏教の功徳《くどく》を伝えたという内容である。

「神社仏閣」が登場することわざ

▼伊勢へ七度、熊野へ三度＝「伊勢」は伊勢神宮、「熊野」は熊野三社のことで、信心の厚いことをいう。
▼出雲の神より恵比寿《えびす》の紙＝出雲の神様は、縁結びの神。対する恵比寿の紙は紙幣のこと。つまり、男女の色恋より、お金のほうが大事ということ。
▼出雲の神の縁結び＝結婚というのは、縁結びの神である出雲の神様が決めるので、人間の意志ではどうにもできないということ。

蕎麦《そば》は刈られたことを三日知らぬ

蕎麦王国信州人は、というより蕎麦をつくっている者は、当然ながら蕎麦の育ちを知りつくしているから、こんなユーモアも生む。

うまい言葉で、蕎麦の成長はなんと早いことか、ということをあらわしている。蕎麦は、刈り取られてもなお茎《くき》を伸ばし続け、「あれ? オレは三日も前に刈られていたの?」と、やっと気づくお人好しだという意味。だが、そう解釈しないで、蕎麦の無私の心をそこに読み取りたい。人間のために、一生懸命に茎を伸ばして、良い実をつけて食べてもらいたい、そんな一途な精神を想像してみたい。自分を忘れていたほど他者に尽くす。

話題は飛躍しすぎるかもしれないが、ある家が火事になったとする。すると、通りがかりの人や、近

信州の夏の風物詩となっている蕎麦の花

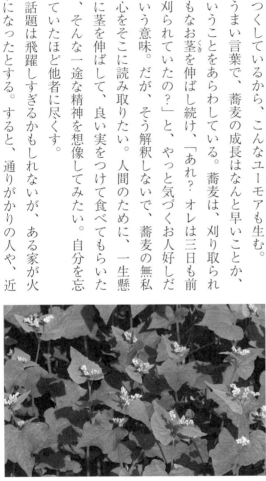

所の人びとは本能的に中にいる者を助けたり、火を消すのに一生懸命になったりする。東北の地震・津波災害のときには、多くの人びとがそうした行動にでた。そういう人間の心理を語る学者は、「災害ユートピア」説をとなえる。人間とは、もともとそういう無私の精神がそなわっているものだと。

さて、この蕎麦、あっけらかんとして、自分の無私の行動にさえ気づかずにいた――というように、拡大解釈するのも楽しい。ことわざは、自由自在に存在する生き物なのだ。

「蕎麦」の登場することわざ2

▼**蕎麦と坊主は田舎がよい**＝どちらも都からは優れたものは出ない。

▼**蕎麦で首をくくる**＝そんなことはできっこないというときに使う。

▼**蕎麦の花もひと盛《さか》り**＝器量のよくない女性でも、年ごろには魅力的になるということ。

▼**蕎麦屋のただいま**＝あてにならない約束を言う。蕎麦屋に出前を頼んで、「はい、ただいま」なんて返事をもらっても、そのとおりにはいかない。

はやりモノとボタモチはさめぬうち

佐久地方の蕎麦《そば》屋の広告に、蕎麦王国の名に背かぬよう、流行にながされず蕎麦を打っています、というのがある。そこで、表題のことわざ。これは商いをする者に教えているような言葉だが、冒頭の心意気とは異なる。現代の世の中は市場原理で、たえるひまなく、次から次へと新商品が出まわる。ケータイからスマートフォンへの移行は素早かった。ケータイの前に、ポケベルがはやっていたことを忘れている人は多いのではなかろうか。

あえて原始生活をよしとして、競争社会に仲間入りをしない辺境の民族は別として、世はいかに新製品を開発して、競争に勝つかに明け暮れている。それを売る側にとっては、「さめぬうち」が勝負どころ。が、ブータンのワンチク国王の来日は、多くの人びとにこんな生活でよいのだろうか、と疑問と課題を呼び起こさせた。日本人がいつしか忘れていた、ゆったりとした昔の生活の価値観を見直す気持ちになった人も多かっただろう。

だが、現実は競争しなくなってしまったら、月給が減るばかりか、会社がつぶれるかもしれないんだぞ、とばかりに恐怖が襲いかかる。現代の競争は、他者をけ落としてまでということになりがちで、信頼や愛とはあまりにもほど遠い。

「流行」に関係したことわざ

▼**歌は世につれ世は歌につれ**＝歌は、世の中の影響で変わり、また世の中も歌の流行の変化によって影響されるということ。

▼**はやりごとは六十日**＝流行してもせいぜい六十日のことなので、あまり流行を追うものではない。

▼**はやり目なら病目《やんめ》でもよい**＝はやりと名がつけば、なんでもかまわないという流行を追う者をあざ笑って使われる。

▼**はやり物は廃《すた》り物**＝今、流行していてもやがて廃れていく。流行は一時的で長続きしないものだ。

▼**時の花を挿頭《かんざし》にせよ**＝季節の花を髪飾りにしなさい。すなわち、そのときの流行や流れにしたがうのがいいということ。

からだの幅だけ地所《じしょ》を追えば、その人は死ぬ

境界争いは、信州にも昔からあったが、今日のように一坪の値段が高価になってくると、よけい争いは絶えない。田畑の境争いも続いている。境界には根付きもよく、株持ちのよいウツギを植えたりしてきたが、欲の皮の厚い人は、その根本を掘ったりして、少しでも相手の土地へ枝葉が伸びていくようにする。それを「土地を追う」というが、からだの幅だけというと、せいぜい三十センチか四十センチである。それだけ押すには、死ぬまでかかるという意味で、その行為に出ると死ぬという不吉な意味ではないようだ。

そうした問題を解決するには難しいが、大岡《おおおか》越前守《えちぜんのかみ》は染物屋《そめものや》と質屋の境界争いをこんなふうに解決したという逸話《いつわ》がある。質屋が大きな蔵を、染物屋の敷地ぎりぎりに建てようとした。よって染物屋

生け垣などにも使われているウツギ

は日かげになって染物を干そうとしても難しくなると訴えた。すると質屋は、自分の敷地内だから悪いはずがないと言い張って譲らない。そこで越前守は質屋に一理あるとしつつも、染物屋にそっと教えた。「ならば金魚屋をやることにしなさい」と。

その助言にしたがって、染物屋は相手の土蔵の基礎が危うくなるほどの池を掘りはじめた。案の定、質屋は非難した。それに対して、越前守は、「染物屋は自分の敷地を掘っているのだから、文句あるまい」と断じた。結局は、両者はたがいに控え、和解したという話。

「隣近所」に関係したことわざ

▼**隣の花は赤**＝他人のもののほうがよく見えてうらやましいこと。

▼**隣の貧乏はカモの味**＝隣人に先を越されたり、隣人の不幸を喜ぶ心理は悲しいかな、ままあるが、現代のような競争社会では、昔よりも強くなっているのではなかろうか。優位に立とうという心理。だが、自省の言葉として読むとよい。

▼**隣のお蚕《かいこ》、近所の土蔵**＝おたがいに口に出してほめあいながらも、心の隅ではうらやんだり、けなしたりしていることが多い。

千畳敷《せんじょうじき》で寝ても畳《たたみ》一枚

中央アルプス駒ケ岳の千畳敷《せんじょうじき》カールへは、ロープウエイで行けるから、老いても一度は行ってみる価値はある。氷河がゆったりと流れ、広く浸食したあとだと言われているが、斜面が半円形に広がっていて、美しい高山植物の花が咲いている。

その中で寝て、天を仰いでみれば、さぞ気持ちいいだろうと思う。

畳千枚の広さだと象徴的に呼んでいるわけだが、人一人が寝るには、畳一枚あれば十分だ。このことわざは、寝るには自分のからだ分の畳があれば十分だ。それ以上の畳を望むような欲をかくな、という戒《いまし》め。分相応であ

氷河地形の残る千畳敷カール（駒ヶ根市）

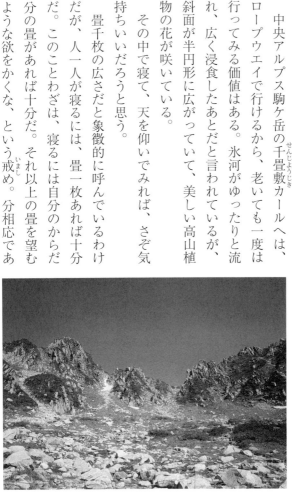

れ、ということでもある。

ところで、トルストイの短編「人はどれだけの土地がいるか」をご存じだろうか。土地さえあれば怖くないと考えるようになった小作の男、パホームは、欲望のままに土地を手に入れることに夢中になっていく。しかし土地が手に入るようになると、土地をめぐっての争いやゴタゴタが絶えないようになる。これはまだ土地が狭いからだと思案しているところへ旅人があらわれ、肥沃《ひよく》な広い土地を持っている村長のことを知る。村長を訪ねると、パホームが朝日が昇るときから沈む瞬間までに歩きまわった土地をそっくり安い値段で売ってもよいと言う。

喜んだ彼は、欲に欲をかき、歩きまわり、最後には体力の限界を超えて走りまわった。その結果、倒れて死んでしまう。パホームが必要とした土地は、彼が埋葬される穴の広さだけであったというオチである。

現代は、市場原理に支配され、国益の成長戦略の時代に入っている。とくに最近は、なりふりかまわぬ競争が激しい。留まるを知らない――。トルストイは、早くから人類の末路を予見していたかのようである。

同じ意味のことわざ

▼起きて半畳、寝て一畳
▼千石万石も米五合
▼天下取っても二合半
▼欲張りのまる損
▼すべてをつかめば、すべてを失う

田は畔《あぜ》をつくれ、畑はくろをつくれ

姨捨《おばすて》の棚田《たなだ》の風景などを眺めるとき、昔から田んぼが、すみずみまで耕されてきたことが想像できる。

「畔」は、田んぼと田んぼの境にあって、通行や施肥など耕作以外の用に使われる部分で、「くろ」とも言われる。田んぼのきわや畔は「畦」ともあらわされ、合わせて田んぼの区画部分を示す「畦畔《けいはん》」と使われることもある。

このことわざの真意は、すみずみ（畑のくろ）まで心配りをして耕し、はじめて実りある収穫があるものだということ、と、こう書くとうるわしいことに感じるが、もとはといえば境界が少しでも相手のほうに行くようにつくれといった意味合いが濃い。だが、その解釈は今ははじにおいておこう。雑草が侵入してこないように、また水漏れしないようにしっかり固

姥捨の棚田（千曲市）

めろという意味。大型トラクターを使う大規模農業の米国には、およそそんな観念は生まれない。繊細な日本人特有のものだ。

日本人は器用で、やがてはそれを知って、はじめはカルチベーター、そして次に小回りのきく小型トラクターまで発明して、「くろ」まで耕す精神を引き継いだ。そこには、一坪でも耕さないと、「もったいない」——といった最近世界から注目されだした日本人特有の精神に通ずるものがある。

「もったいない」は、モノがあるべき姿を失うことを戒《いまし》める仏教信仰からきているのだが、現代では環境問題と結びついて、価値あるモノをムダにしてしまうことへの戒めの言葉へと変わってきている。

「田」に関係したことわざ2

▼**詩をつくるより田をつくれ**＝すぐに生活の役にたたないことをするよりも、すぐに利益のあることをするほうがいいということ。

▼**田歩くも畦《あぜ》歩くも同じ**＝方法や道はいろいろでも、目的は同じであるということ。

▼**朝酒は門田《かどた》を売っても飲め**＝朝酒は、家の前にある一番いい田を売ってでも飲むべし。

家庭円満のことわざ

馬には乗ってみろ人には添ってみろ

「なに、結婚する気ないって？ バカこけ、ジジイになったら、誰が面倒みてくれるだ」こんな声がやたらと聞かれる世の中となった。女性もすぐには結婚したがらない。周りの者が縁談をもっていっても、すげない。それで周囲はやきもきする。

このことわざは、そんな真意を突いている。ヤダと居座っているばかりではらちがあかない。良くも悪くもその気になって行動に移さなければダメだというわけである。馬に乗ってみなければその良さや手綱《たづな》さばきもわからない。同様に相手に会って少しでも付き合ってみなければ、なにもはじまらないというのだ。今風に言えば婚活に乗り出せだ。

昔は結婚したくてもなかなか縁がなくて、泣く泣く独身のままで生涯を閉じていた例もたくさんあった。それではあまりにも気の毒で、大げさに言えば人類にとってよくないとばかりに積極的に乗り出した団体があった。長野西高校の「同協会」による結婚相談所だ。同協会が相談所を開くようになった経緯を調べてみて、なるほどと思った。発足は昭和二十六年。日本敗戦後まもなくで、戦争でたくさんの青少年たちが死に、適齢期の男女の不均衡《ふきんこう》が生じてしまった。つまり、女性が相手を見つけようにもむずかしい現実があった。それを憂《うれ》いた当時の学校長にして同協会長が相談所を開設することに踏み切った。同相談所は、あいさつ文にこんな言葉をつづっている。「地球上に生きとし生けるもの全て〝自分が生まれ、自分を生き、自分の次世代を残す〟ことが〝生きること」であると。

私のような世代には、至極まっとうなアピールに思えるのだが、新人類ともなると、また別の価値観があるのだろう。でも、それをよしとしていたならばどんな日本社会になるのだろうか。

「結婚・縁談」に関係したことわざ

▼悪妻は百年の不作＝よくない妻をめとってしまったら、百年の不作に等しく救われない。

▼合わぬ蓋《ふた》あれば合う蓋あり＝どんな蓋であれ、合う蓋と合わぬ蓋とがある。手近な蓋で合わないと思っても、どこかにかならずや合う蓋があるからあきらめるな。

▼世界に余った女はない＝どんな女性でも似合った相手がかならずいるものだ。

彼岸《ひがん》過ぎての麦の肥《こえ》、四十過ぎての子に意見

彼岸は春と秋にあるが、このことわざの彼岸は「春彼岸」。麦を育てる肥やしは、まず種や苗を植える際にベースになる元肥《もとごえ》をほどこすが、その後に収穫を多くするための追肥《ついひ》（追い肥）をやる。

だが、それにも旬というものがあるというわけだ。信州の春は遅いけれど彼岸前に追肥をやることをせず、彼岸を過ぎてから、あわてててやってもあまり効果がない。それと同じく、人間も四十歳を過ぎてから親なりが意見をいっても、ムダに終わるというわけだ。つまり、もう聞く耳をもたないというわけ。

四十歳といえば、孔子《こうし》のとなえる「四十にして惑《まど》わず」の年齢である。

孔子は、「私は四十のときに狭い見方に捕らわれることなく、心の迷いがなくなりました」（「論語」）と述べている。そういう年齢

成育には肥料が欠かせない麦

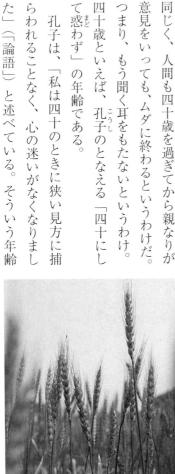

の者に向かって説教したり、意見するのはどうか、っていうことになる。が、悩み多き現代人、年齢がいくつになっても、第三者が入ったりして意見を言うことによって世間はもっている。

あくまでも目安と考えたい。四十歳ではなく、「二十過《はたち》ぎての子に意見」ということわざになっているのも見かける。二十歳で成人という節目を頭においてだろうが、いずれにしろ、意見、説教をするにも、相手をよく知ったうえで、その人物の句を見抜いたうえでということになろう。

論語に学ぶ年齢呼称

▼志学《しがく》＝十五歳
▼而立《じりつ》＝三十歳
▼不惑《ふわく》＝四十歳
▼知命《ちめい》＝五十歳
▼耳順《じじゅん》＝六十歳
▼従心《じゅうしん》＝七十歳

諏訪男に伊那女

「嫁をもらうなら、下《しも》からもらえ」という言葉を耳にしたことがある。天竜川に沿った地方で言われているらしい。らしいとは、統計的な確証を得ているわけではないからだ。だが、北信濃に住む個人的感想としても、それがわかるような気がする。天竜川下流に住む人びとは、諏訪地方の人びととくらべて温和なところがある。とくに女性に感じる。

地域性を語るときに、よく持ちだされるのが気候・風土だが、伊那地方は温暖なだけに、諏訪人のように、寒風に立ち向かうような厳しい覚悟のもとに暮らす姿はイメージされない。女性に限って言えば、「伊那女」は、ゆったりとした優しい口調で、「そうだに」などと答えてくれる。

さて、このことわざだが、「諏訪男」も「伊那女」

諏訪湖からの気候の影響を受ける諏訪地域

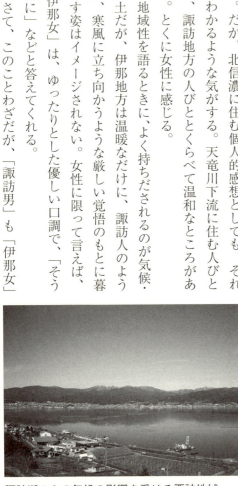

もまず農耕の働きぶりがモノサシとなっている。諏訪男の頑健《がんけん》なからだと堅実な働きぶりは頼りになるものだということ。伊那女も、よく働くという価値のうえに、女らしさ、優しさがあるから、ということになろう。

けれど、こうした分類は、一応のくくり方であって、維新の討幕運動に走った熱血多感の松尾多勢子《まつおたせこ》のような存在は、どう考えればよいのか。

同じ意味のことわざ

▼満島《みつしま》女に遠山男＝満島は、現在は下伊那郡平岡村だが、もとは伊那谷の天竜川沿いの古い村だった。遠山は、飯田市に合併。遠山郷と呼ばれたりもする秘境。

▼武石女に和田男＝小県郡の和田峠の「和田」村は現在、長和町。そこから下った「武石」村は、上田市。共通することは、男は標高の高い地域。女は低い地域だ。つまり男は山、女は里がいいというわけ。男は荒々しい山仕事ができるほどだから、頼りがいがある。女は、やっぱりこまめに家事や田畑の仕事をこなす人がいいという価値観がみえる。

姑《しゅうと》の留守は嫁の祭り

「しゅうと」と嫁という場合、「舅」でなく「姑」をイメージして語る場合が多い。そこには、現代も変わりなく女性同士の心理的バトルが繰り返されているからだ。日本人の同居率は、平成七年（一九九五）の国勢調査によると、だいたい四割代。長野県は、二七パーセント。それが平成二十二年になると、一九パーセントまでに減る。

別居でも、姑との関係はぎくしゃくしている場合が多く、バトルの様子がネットのブログにはあふれている。ネットは、うっぷんを晴らすのに好都合なのだ。

朝起きて嫁さんが、「おはようございます」と姑さんにあいさつしたけれど、返事もしないで、固い表情をしていた――。そこで、私、なにか悪いことでもしたのかしらと考えこんでしまったり、旦那が姑に呼ばれただけで、同じく悩んでしまうといったものや、口にこそ出さないけれど、冷蔵庫の開け閉めひとつで、激しい心理的バトルも存在する。

よって嫁はつらいよ、が高じて「長男嫁環境向上委員会」なるものも生まれている。会則もあり、ある年の目標は、「たった一度の人生だもの、嫁だって、楽しんでなにが悪いの‼」「表で笑って、裏で舌を出しつつ、心の赴くままに行きましょうぞ！」。

隠然たる嫁さんたちの息をひそめた人間宣言とでも言おうか。封建的制度でなくなった時代でもなお、姑・嫁問題は大きな課題。その反映とみえる。

「姑の留守は嫁の祭り」のことわざは、賞味期限がないようだ。

「嫁と姑」に関係したことわざ

▼**姑の遊山《ゆさん》は嫁の遊山**＝姑さんが出かけてくれることは、嫁にとってうれしく、気晴らしみたいなものだ。

▼**小姑は鬼千匹**＝嫁の立場が弱かった時代でもあり、嫁と小姑とは義理の関係になるけれども、嫁にとってはその一人が、鬼千匹がつらく当たっていると思えるほど、苦しいものである。

▼**嫁と姑犬と猿**＝とっても仲の悪いこと。

▼**朝日のチャッカリ姑のにっこり**＝姑の機嫌がいいのは、朝の天気がいいのと同じでいつまでつづくかわからない。

▼**麦と姑は踏むがよい**＝麦を育てるには踏むほうがよいが、それと同じで姑にもときには強気にしたほうがいい。

嫁の古手《ふるて》が姑《しゅうと》になりて誰も一度はクリのイガ

女性が「花嫁」と呼ばれるのは、結婚式の日まで。「花嫁姿のお姉さま　車にゆられて行きました」と歌われてきたが、花嫁の心情は、「泣くに泣かれぬ」ほど切ないものであった。

なにしろ肉親との別れもさることながら、待っている嫁ぎ先での暮らしが、家族、とくにお姑《しゅうと》さんとうまくやっていけるかが不安だったからだ。信州には、姑に意地悪されて死んだ「嫁殺しの田」の伝説が各地に残るほどである。

現代では女性も強くなり様相が異なるけれど、昔は、「入れ歯と嫁は、がまんしにゃあ納まらねえ」と思われていたほどだった。入れ歯がなじむように、その家の家風や家族になじむには、忍耐の末にやっとというわけである。

嫁姑の確執の言い伝えが残る嫁池（長野市）

とにかく嫁さまは、迎え入れた家族にしろ、近所の人たちにしろ、気になる存在だった。だった、なんて書くと今でもそうだよ、と言われそうだが昔ほどではない。とにかく昔から嫁さまのことわざには事欠かないのである。よく嫁対姑が問題になってきたが、その姑も、もとは嫁だったわけで、花嫁となって来たはいいが、子どもを生み育て、やがてしゃもじを預かる身となり、長男の嫁を迎える立場になると、トゲトゲの姑になっているとは、なんと皮肉なことか。

「嫁」が登場することわざ

▼嫁は手を見てもらえ＝ほとんどが農を生業としていた時代は働き手としてどうか、で結婚相手を見ることが多かったから、手で判断せよというわけである。

▼きのうの嫁、今日は姑《しゅうと》＝嫁、姑の境遇を引き合いに出し、月日の過ぎるのが早いことを言っている。

▼嫁の三日ぼめ＝嫁を迎えた、ほんのわずかのうちは、姑《しゅうと》はほめるが、すぐに愚痴《ぐち》や非難に変わる。

秋ナスは嫁に食わすな

信州には、長ナスと丸ナスとがある。このことわざ、どちらを言っているのかわからないが、解釈が分かれているのがおもしろい。嫁は、しばしば、いじわるされる対象として昔は語られてきたから、「食わすな」は、秋ナスはおいしい、だから嫁なんかに食べさせるな、と解釈されるのが元祖のようだ。

だが、そうではないよ、嫁へのいたわりの言葉だよ、という解釈もある。つまり、秋ナスを食べさせると、からだが冷えて、いい赤ちゃんが生まれないよと、忠告しているのだということだ。

それに似たことわざに、「秋サバは、嫁に食わすな」というのや、「秋のコノシロ(鮗)は、嫁に食わすな」というのもある。

これら魚の場合も、やはり嫁いびり説と、いや、サバなど食わして中毒にでもなったらたいへんだ、といった情愛説と両方があ

２つの解釈をされる秋ナス

る。情愛説もつまるところ、わが家に子が生まれないと、跡継ぎがなくなるってェことになるから、という家の存在が前提になっていることも考えられる。

いずれにしろ、ことわざには、嫁がテーマになっているものが、なんとしても多い。しかもそこには耐える嫁の様子がかぶさって見えてくる。まさに、嫁住み三年、である。三年は耐えてしのばなければならないと。

話をもとに戻して、秋ナスは、ほんとうにうまいか? 旧暦の秋だとそう言えなくもないが、現代での秋の感覚だともう、ナスもあくが強くなり、秋の終わりには、からし漬けにしてやっとうまいとほめられる。「秋」は旬の意味か。

解釈が分かれることわざ

▼**犬も歩けば棒にあたる**＝①人は行動をおこすと、なにかと災難に合うものだ。②行動を起こすと、思ってもみなかった幸運にめぐり合うことができるものだ。
▼**情けは人のためならず**＝①情けをかけることが人のためではなく、いずれはめぐって自分に返ってくるものだ。②人に情けをかけてやることは、その人のためにならない。本来は誤用。

男と箸《はし》は堅《かた》いほどよい

長野県の男性は、カタブツでとおっている。このことわざ、農村社会から生まれた言葉だから、堅いとは、よく働く頑強《がんきょう》なからだをもち、堅固《けんこ》な意志をつらぬくような、信頼できる男こそ、イイ男だということ。現代は、農村という共同体も崩れて、第二次、第三次産業へと職業形態が複雑になってきている。けれど一家を支える主柱は父親であり、夫であることには変わりがない。

昭和五十四年（一九七九）、ミュージシャンのさだまさしが歌う「関白宣言」が、大ヒットとなった。婚期を迎えた妹さんのために書いた歌だという。歌われている内容は、ウーマン・パワーから女性差別じゃないの、と批判されたけれど、歌詞をよく読み、歌を聞いてみると批判はあたらない。「俺の本音を聴いておけ」という言葉にはじまり、命令口調が続くが、歌がおしまいにいくにつれて、女の立場で聴いてもホロリとさせられる優しさにあふれている。彼はあえて、昔の亭主関白をよそおって本音を裏切って強がりを見せているに過ぎないことがわかるように仕上げているからだ。最後は、「俺の愛する女は、生涯お前ただひとり」と歌い、その後に、にぎやかな子どもたちの声が続き、楽しい家庭が生まれたことを演出している。よって「関白宣言」の題名で、えっ、と思わせるが、失われつつあった男性の家庭でのあるべき典型を歌っていて、ヒットしたのだろう。今でも歌詞に登場する「姑小姑《しゅうと》かしこくこなせ」といったフレーズは、当てはまりもする。

「男」の登場することわざ

▼男は妻から治まる＝よりよき妻のことを、ベターハーフと呼ぶが、反対に男がそう呼ばれるようになるには、妻の心づかいがあってこそ、というわけ。

▼男やもめにウジがわき、女やもめに花が咲く＝最近は、妻を失い男の一人暮らしも増えている。平均寿命が延びたせいか、老人に多い。信州は長寿県であるだけに、高齢者が多い。「男」にウジがわくは、説明するまでもないが、女の「花が咲く」は、家事はお手のもんだから、ウジがわくこともなく、身ぎれいにしているので、男も寄ってきたりして華やかだというたとえ。

▼男伊達より小鍋《こなべ》立て＝江戸時代に生まれたことわざだが、マイホーム主義を説いている。男は世間に出て見栄をはるより、つつましく家庭生活を大事にせよということ。

仲人《なこうど》は三年、親分は一生

私が生まれ育った川中島平では、「あの家は、うちの子分だでな」とか、「うちは、親分だ」といった言葉が昭和二十年代までは存在した。しかし、高度成長期に入った昭和三十年代になるといっこうに聞いたことがない。

それにしても、「親分子分」とは、清水次郎長、森の石松の時代の隣にいるようで異様な感じがしたが、このことわざは、侠客《きょうきゃく》の仁義のそれとは別に、結婚にまつわる風習で語られてきたものだ。

それを説明するには、昔の結婚までのしきたりについて述べておく必要がある。仲人については説明はいるまい。その仲人が、男性の家側から相手側の家へ縁起のよい鶴亀か松竹梅の模様のちりめんの風呂敷と餡《あん》の入った菓子を持っていく。そして、「このお菓子の固くならないうちによいお返事をいただきたく存じま

当時のまま保存される清水次郎長生家（静岡市）

す」と頼む。

この仲人とは別に、もらい側の地域の顔役や本家の主人などが、親分になる。結婚した夫婦はその子分となり、親分は後見人として、生涯子分の面倒をみる。とくに嫁の強い味方として位置づけられていたところをみると、封建的身分制度から生まれたものとはいえ、フォローの心配りがそこにあったといえよう。

この現代に親分子分は奇異だが、どうやら現代の子どもたちは、希薄になった人間関係の裏返しとして、そのような親密な関係を求めている傾向があるようだ。それは格差社会の強者弱者のはびこる現代社会を反映した悲しい姿なのか。

家庭円満に役立つことわざ

▼**兄弟は他人のはじまり**＝仲の良い兄弟でも、結婚して離れて暮らすうちに疎遠になり、しだいにお互いの情愛は薄れていくものであることを知るべし。

▼**石に蒲団《ふとん》はかけられぬ**＝石は墓石のことをいう。親が生きているうちに孝行しておかないと、死んでからではどうにもならない。

▼**声なきに聴き形なきに見る**＝本当の親孝行は、親の居ない場所でもその姿を思い浮か

べ、その気持ちを察するようにすることである。

▼**女房は半身上**《はんしんじょう》＝妻は、財産の半分（半身上）にあたる。だから、妻が賢くふるまうか、そうでないかによって、一家の盛衰が決まる。

▼**血は水より濃い**＝血のつながった身内は、どんな他人よりも濃い関係ということ。しかし反対に「遠くの親戚より近くの他人」というものもある。

▼**父母の恩は山より高く海よりも深し**＝親から受けた恩はたとえようもなく大きいということ。

年寄りとクギは引っこむほどよい

信州は、「姨捨《おばすて》伝説」をもつ土地だが、それとはもちろん無関係のことわざ。自嘲をこめながら、さとった知恵を披露しているようにも感じられる。現代ならば、若者が、恥も外聞もなく吐き捨てる言葉としても通用しそうだ。説明するまでもない内容だが、年寄りは控え目にしているくらいがいいということに尽きる。では年寄りとは、何歳から？ いつから？ と問われると迷う人も多い。

昔の家父長制度を重んじ、儀礼を尊重していた信州の家庭では、それまで家長であった者とつれあいが、若夫婦に、財布としゃもじを引き渡す儀式をおこなった。「いいかい。明日から、おめたちにまかない全部まかすでな」と、暮れの年取りの晩にお膳を前にして宣言する。家長夫婦の、ほっとする晩ではあるが、それは「年寄り」を実感する瞬間だ。まかした以上、家庭内の世話やきからも手を引くように努める――。が、引き渡されたからといっても実際には、とくに嫁さまは、相変わらず弱い立場のままが多かった。その延長であろうか、現代では二世帯住宅だの、別居だのと結婚した夫婦は思案することになる。

「年寄り」の呼称もあいまいだ。だが、年寄りの出番があることだけは確かである。遠慮する必要もない。なにしろ知恵をたくさんたくわえてきた存在だから。

「年寄り・老人」に関係したことわざ

▼**年寄りの冷や水**＝「オレは若いヤツに負けるもんかい。みちょれ」とばかりに、冷たい水をかぶってみせたり、若いころはできたんだとばかりに、無鉄砲な行為をして失敗することを戒《いまし》める言葉。水を飲んでみせる行為に出ることを指すという説もある。

▼**年寄れば愚に返る**＝若いころのようには振る舞えない、ということだが、軽蔑すべきことではない。愚に返ったようにみえながら、体験にもとづく知恵を発揮することがあるからだ。

▼**老いたる馬は道を忘れず**＝姨捨伝説の年寄りの智恵に通じる「老馬の智」（中国の古典「韓非子」による）と同じ。経験から学ぶべきものがあるということ。

▼**年寄りとネズミのおらぬ家にはろくなことがない**＝ネズミは大黒様の使者ともされ、年寄りもそれくらい大事だということ。

▼**年寄りと思ったときから年寄り**＝「病は気から」と同じ。

子育てのことわざ

アワの七泣き

　昔は信州でも田んぼが少なく、畑作を多くしていた地方では、米を六、アワを四の割合で食べていた。したがって、アワを育てることは、たいへん大事な仕事であった。ところが、そのアワを育てるのには、苦労を必要とした。土用入りのころからアワを適当に間引いていく。そして、根元に土寄せをしたりするのだが、日照りが続くとしおれてしまい、作業するほうも汗だく、アワもしおれてくる。そのたびだとしさ、頼りなさを「七泣き」と言う。それでも我慢して育てていき、ついに実を結ばせる。

　人間の子育てもたいへんで、現代は情報社会だから、自分の育て具合がテレビに出る子や近所の子とくらべてこれでよいのかと必要以上に気になる。子役の芦田愛菜《あしだまな》が、はきはきと、まるで大人のようにインタビューに答えていたりするのを見たりすると、「ええっ、うちの子と同い年なのに！」と、思ったりしてしまう。授業参観に行けば行ったで、手は挙がらないし、先生にあてられてもトンチンカンな答えでヒヤヒヤしたりで、落ち着かない。子どもも「七泣き」、親も「七泣き」の状態を体験している者も多いことだろう。

だが、私の教師体験から思うことは、子どもの「七泣き」は、そのままではいないということ。成長してから同級会などに出てみるとよくわかる。ヒヤヒヤして見ていた子が、りっぱに成長して、甲子園球場で出場高校の応援団長として活躍した例もあるのだ。

子育てのことわざ

▼三つ叱って五つほめ、七つ教えて子は育つ＝七五三をあとから順に取り入れている。が、もとは短歌「かわいくば五つ教えて三つほめ二つしかって善き人にせよ」。七五三の数は、語呂《ごろ》合わせである。

▼親の甘いは子に毒薬＝子どもを甘やかすのは、結局は子どものためにはならないということ。

▼かわいい子には旅をさせよ＝わが子には、親もとを離れて、世の中の苦労を経験させたほうがよいという意味。

▼子を育てて知る親の恩＝親の立場になってはじめて子育てのたいへんさ、親の愛情やありがたさがわかるということ。

▼親の心子知らず＝前項と同じ意味。また子どもが勝手気ままにふるまうこと。

イバラにブドウの実はならず

イバラは、雑草のような平凡な植物の代表の意味で、ブドウの実は、しっかりとした成功をイメージした果実をあらわしている。つまり、このことわざは凡人の子は凡人だということ。「カエルの子はカエル」と同じ意味。

歴史上の人物を見てみたまえ、名をなした人は明治時代だと、みな土地のリーダー、藩士の子孫とか、名主、豪族の家の出だとかじゃないか。それが非凡か、ということは端におくとして、文学の世界でいうと、島崎藤村は、木曽の馬籠《まごめ》の庄屋・本陣の家の生まれ、島木赤彦は諏訪藩士の子、堀辰雄は、広島藩士の子。というように家系が……そう言われてしまうと悲観論者になってしまう。しかし、野口英世のような例もあることを忘れないで書きとめておこう。

さて、このことわざを逆手にとって、凡人で悪いか？

トゲが多く雑草として扱われるノイバラ

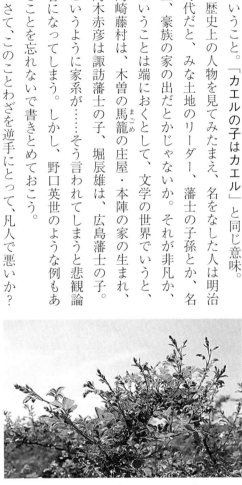

と、問うてみながら、国木田独歩《くにきだどっぽ》の短編「非凡なる凡人」を再読してみる。するとそこには成績も普通の友人、桂正作のことが書かれている。きまじめで、派手を好まず、すべて工夫をこらして堅実な生活をしている庶民の姿が見えて感心したという話。しかも、「西国立志編」を読み、それを聖典のようにしてロマンに生きている。そのうえ、二人の弟の面倒まで愛情深くみているというのである。

独歩に言わせれば、「非凡なる凡人」としか言いようのない、優れた生き方をしている男だというのだ。ただ、彼の父親は、昔は武士であったが、ハマグリの養殖に失敗するなど、山師のようなところがあった。けれど、正作はそれを否定的に、自ら地味な道を生きていたのだ。

青い布を引けば男の子、赤なら女の子

安産祈願は、いつの世も共通で現代にも引き継がれているが、昔は手近な村の鎮守《ちんじゅ》の森の神様にお参りにいった。

私の育った長野市の川中島平では、篠ノ井の村山荒神堂へ行く。そこでもらうお札の中に、青い小さな布が入っていれば男子、赤なら女子出産の印と言われた。

現代では男女の産み分けを医院に希望したり、一種のクスリで実行しようとする向きもある。だが、昔はお札のお告げを半分信じ、半分疑いながらも、天にすべてをまかす態度であった。人間は自然の子である以上、それを受け入れるのが喜ばしい態度ではなかろうか。

今は女の子ブームだという者がいる。なるほど、AKB48のはなやかな活躍ぶりを見ていると、ウチの子もあんなふうに、なんて思うのかもしれない。だが、現実的にはそうでもないらしい。男の子は、父親の仕事を継いでくれたりするし頼もしいという者もいれば、手に負えない乱暴をするからヤダという女性の声もわりと多い。

すると、「女の子はもっとたいへんよ」という声が聞こえる。「女の子はすぐグループ

をつくるじゃない。仲間はずれにでもされたらたいへん」。そして、女の子はやがてお嫁にいくから、お姑《しゅうと》さんに気を使ってかわいそうだとか。現代は出生前診断が話題になっているが、哲学的命題でもあるだけに、とても軽々しくは考えられない。

子安荒神尊をまつる村山荒神堂（長野市）

三人子持ちは笑って暮らす

子どもの数は、三人がちょうどよいということ。私は、戸籍の上では九人兄弟の五番目だが、十三歳年上の長兄の下に三人が幼くして亡くなっているので、顔を知らない。よって残った者だけで数えて、人に聞かれれば六人兄弟と答えていた。ふしぎなもので、六人ならば六人で、わが家には似合っていると思っていたものだ。ケンカしながらも適当ににぎやかで。だが、今から振り返ってみるに、親、とくに母親の苦労は並大抵なものでなかったことがわかる。貧乏人の子だくさん、だったから。

今の時代、三人の子がいると聞くと、へえっと、そのたいへんさを思ってしまう。昔はそんなぜいたくなことは言っていられないから生む。どうでも困った場合は、信州の寒村などでは「子がえし」した。村の多少とも心得のある老女か産婆さんのところへ行き、秘密に闇に葬ってもらう風習があった。

話は飛ぶが、ひとりではグループとは言わない。二人からがグループであり、集団である。が、三人の集団となると話、行動、喜怒哀楽が多角的になり、おもしろみが増す。親の立場からしても金はかかるし苦労は多いが、楽しいというわけである。

子に過ぎたる宝なし

雪とけて村いっぱいの子どもかな

少子化で、一茶のこんな句がなつかしい時代になった。財宝・資産がいくらあっても、子どもほどかわいく、尊いものはないのだ。

ところで、そうは言っても、「子は三界《さんかい》の首枷《かせ》」というのもある。いくら愛情をそそいでも、苦労はたえず、その一生を子どもに束縛《そくばく》されてしまう、というわけだ。それを子どもに愚痴《ぐち》っぽく言うと、ならば生まなければよかったのに、という反論が返ってくる。

事実、現代の若い夫婦は、このことをわかってか子を生まないで、自分たちの幸福を追求する人生を選択する傾向もみられる。それを親たちが顔をしかめて見ている構図がある。

生まない理由には、最近の社会情勢では、夫婦が生活していくにやっとの収入しかないといった経済的な理由や、「生んでも、待機している子がいっぱいいて、保育園にも入れないじゃない」といった事情もある。そのほかにも、生みたくても、生めない人もいる。

けれど、「子を持てば、七十五度泣く」ということわざがあるぐらいたいへんでも、人類は子を生み、生命を繋いで文明を拓いてきた。

人類という生き物の本能でもある。どうすれば，より安心で安全な社会が築かれるか、本質的な議論が必要なときにさしかかっている。

「子ども」の登場することわざ

▼子の心、親知らず＝一番知っているはずの親が、まるで自分の子のことを知らない。
▼子を見ること親にしかず＝子どものことは、親が一番よく知っている。
▼子はかすがい＝「かすがい（鎹）」とは、建築によく使われる用具。強力に物と物を繋ぐ。子は、そのように夫婦に亀裂が入っても、中に入って「和」の役割を果たし、平穏におさめてくれる。

娘三人は一身代

「娘三人」ではなく、「三人娘」というと芸能界のイメージが先走る。古くは、美空ひばり・江利チエミ・雪村いづみ。そして、世代を超えて誰もが知っているのは、キャンディーズだろう。芸能界の三人娘のユニットは、戦後から平成の現代まで数え切れないほどある。若い女性の三人はにぎやかで話題にも絵にもなるのだ。

さて、家庭での娘三人もにぎやかではあるが、「**娘三人持てば身代潰《つぶ》す**」ということわざがあるように、女の子の誕生は、経済的にマイナスのイメージがあるのも事実だ。男子とくらべて、やれ晴れ着だ、婚礼のタンス・長持ちだなどと出費のかさむことが多い。それも三人となると、大げさに言えばまさに財産を失いかねないダメージだ。

ところが、表題のことわざの意味は、そういうネガティブなものとは正反対で、娘を三人持てば「一身代」、つまり一家の財産を豊かにさえする――という。なぜか。解くカギは、その言葉が生まれた土地の産業にある。信州のような養蚕業や製糸の盛んな土地では、女性の役割が大きい。桑摘みからはじまって蚕棚《かいこだな》での仕事には女手が欠かせない。もちろん男でもできるが、若い女性のほうが適している。

よって、娘が三人もいると、労働の価値観からみて、一家の財産をきずくのにおおいに助けとなるというわけだ。だが、内働きで機織りをさせるならともかく、製糸工場では、かつて女工哀史が生まれるほどに女性の犠牲があったことは忘れてはいけない。

娘という呼称は内輪で終始するが、「女性」といいかえると社会的広がりで視野に入ってくる。かつて平塚らいてうが「元始女性は太陽であった」と、雑誌「青鞜」（明治44年創刊号）に宣言したことは有名だが、それに続く言葉は、女性のおかれている惨状を憂え「今、女性は月である。他に依って生き、他の光によって輝く病人のやうな蒼白い顔の月である」であった。平成の女性たちの地位は向上してきてはいるが、「蒼白い月」に陥っていないか、自らをかえりみることから始めよう。

「女三人」に関係したことわざ

▼娘三人持てば左うちわ＝「娘三人は一身代」と同じ意味。

▼女三人寄ればかしましい＝女性が三人集まると、にぎやかにしゃべりうるさい。

▼女三人寄れば囲炉裏の灰が飛ぶ＝前と同じ意味。

▼女三人寄ると富士の山でも言い崩す＝前二つと同じ。

孫のかわいさと向こうずねの痛みはこらえられぬ

最近、信州の福祉施設などの広報に「まごのて（孫の手）」と付くものが目立つ。ようするに孫がお手伝いしてくれるような優しいサービスということだろう。孫と聞けば高齢者はそれだけでうれしい。

山本リンダの「どうにもとまらない」（阿久悠作詞・都倉俊一作曲）は恋の歌だけあって、「もうどうにもとまらない」と繰り返す。その歳が過ぎたじいちゃん、ばあちゃんは、恋も枯れてそれが孫に向かい、かわいさが、どうにもとまらないというわけだ。

大泉逸郎の「孫」という歌は、仕事一途に生きてきたため、親の役割を果たせなかった、代わりに孫に返してやるという内容になっている。

だが、実際は孫に注ぐじじばばのかわいがりは、孫となるとわが子と違って、責任があまりないので自由な気分から、といった面があろうかと思う。「**孫はきてうれしい、帰ってうれしい**」といったことわざがあるように、来てくれた当座はうれしいが、やがて、なにしろ年寄りなものだからくたびれてしまって、帰ってしまったあとは、「やれやれ」と解放されたうれしさがある——というわけだ。

孫がいくらかわいいといっても、西郷隆盛の詩（「偶成」）にあるように、「児孫《じそん》のために美田を買わず」も、真理だ。ようするに、子孫のために財産を残すと、それを頼ってろくなことにならないから気をつけよ、ということ。

「孫」の登場することわざ

▼**親苦子楽孫乞食《おやくこらくまごこじき》**＝親は苦労して財産を貯めたけれど、子は遊んで暮らし、いよいよ孫の代になったら、浮浪者になる。

▼**孫飼うより犬飼え**＝孫はいくら愛情を注いでも、やがては恩義を忘れてしまうものだ。だから、犬を飼っていたほうがましだ。

▼**孫は子よりかわいい**＝祖父母にとってみれば、わが子よりも責任のない孫のほうがかわいいということ。

▼**内孫より外孫**＝どちらも同じ孫だが、息子の嫁が産んだ内孫より、嫁にいった娘が産んだ外孫のほうがかわいいということ。

▼**憎い嫁からかわいい孫が生まれる**＝嫁と姑がうまくいっていなくても、孫がかわいくない姑はいないということ。

千の蔵《くら》より子は宝《たから》

蔵は富の象徴。よって、お金より子どものほうが大事だよ、というわけ。子どものほうが大事だといっても、子が産まれないことにはどうしようもない。そこで昔から全国に子宝神社だの、安産祈願の岩だとかが無数に散在している。

信州では、小海町が、〝子産み子育ての町〟と銘うって観光に力を入れている。まず、風光明媚《ふうこうめいび》な松原湖畔でデートして、やがて結婚、そしたら、子宝に恵まれるように、わが町の子宝祈願に始まって、安産祈願、子育て祈願の名所めぐりをしなさいよ、とうながしている。子宝祈願は、「お子安さん」と呼ばれる、宿渡《しゅくど》地区の入り口にある母子像にお祈りしてみてください、というわけである。岩場の上に母親がわが子を抱いている形の岩形がある。

昔、その岩に祈った女性が、子宝に恵まれたという言い伝えからきている。「安産」「子育て」祈願の場所も特定されている。その流れでの町おこしだから、安心して子どもを産み育てられる町として、子育て支援センターなどの充実を目指している。なにしろ、政府が少子化対策を課題にするようなご時世である。子どもを大事にしていかない社会は、滅亡に向かうのだ。

ところで、子どもを大事にすることは、親にとっても、いろんな場面が考えられる。たとえば弁当作りだ。最近は、子どもを幼稚園や保育園に通わせている親たちの間で話題となっているキャラ弁。アニメのキャラクターを弁当の表面にあしらい、なかには、絵画を見るような感じの、手のこんだのもある。

キャラ弁の由来をたずねてみれば、昭和七年（一九三二）発行の『児童の飲み物とお弁当』（誠文堂）にいきあたる。子どもたちの好き嫌いをなくすために、見た目の美しさに気配りが必要と説く。それは納得するが、今はタコさんウインナー程度で子どもたちを喜ばせていたあのころの素朴さを失い、母親の自己満足に終わったり、親同士の競争意識から作られるものもあるようだ。なかには、子どもとケンカした翌朝には、「仕返し弁当」をつくる者もいるとか。遊び心、いたずら心にしても度が過ぎる。

動物を模したキャラ弁当

河童《かっぱ》も一度は川流れ

信州には、河童の伝説が多い。上高地には観光名所となっている河童橋があり、河童が住んでいるような深い淵があったことにその名は由来しているともいわれる。芥川龍之介の小説「河童」に登場したことで、その名を広く知られるようになった。

また、駒ヶ根市の天竜川と太田切川の合流したあたりは、流れもゆるやかになっているので、魚も多くて、それをつかまえて食う河童がうようよしていたとのこと。

さて、そういう河童も、人間から見れば、さぞ生まれたときから泳ぎがうまかっただろうなと想像してしまうが、それは大違い。一人前になるまでには、溺《おぼ》れて流されることもしばしばであった。最低、一度は失敗しているのだ。だから人間も、一度や二度の失敗にくよくよするな、「**失敗は成功の母**」という

河童伝説のある河童橋（松本市）

言葉があるじゃないかというわけである。

元プロテニス選手の松岡修造さんはいくつもの名言を残している。

「失敗すれば、どこが悪かったかがわかる。失敗をおそれてなにもしなくなるのが一番よくないですよ」

さて、話は飛んで、あの発明家エジソンは、失敗や成功について、どんな言葉を残しているだろうか。それが、これだ。

「私はけっして失望などしない。なぜなら、どんな失敗も新たな一歩となるからだ」

失敗を励ますことわざ

▼やる価値のあるものは、失敗しても価値がある（欧米のことわざ）

▼終わり良ければすべてよし

▼猿も木から落ちる

▼上手《じょうず》の手から水が漏る

秋風と夫婦げんかは日が暮れりゃ止む

犬も食わない夫婦ゲンカ。それがはじまったら傍観《ぼうかん》するしかない。仲裁しないほうがよいのだ。だが、そのケンカ、夕暮れになれば、夕凪《ゆうなぎ》のように、あるいは移動性高気圧とともに吹く秋風のように止むのだろうか。一番星がまたたくころになると、どっちかが折れて、おさまるということだが、かならずしもそうはいかない。が、ケンカはそんなに幾日も続かないと読むべきことわざのようだ。

夫婦げんかは、結婚情報センターの調査（二十～六十代）によると、ケンカのあとは一晩寝て起きたらおさまる場合が一番多いようだ。数字でいうと、四四・八％。すぐに仲直りが二四・七％、二～三日必要が、二二・七％。おもしろいのは、どちらが歩み寄ったかという質問の答えで、夫からが六四・一％となっており、男性が折れるかたちが多いのだそうだが、それには地域差があるということだ。甲信越地方が夫からが多く、離婚率も高い。四国・九州地方は妻から歩み寄る頻度が高く、離婚率も低い。

甲信越というと、わが信州の夫婦もそのうちというわけで、なぜだろうと思ってしまう。四国や九州と比べて都会に近く、モノ・金優位の市場原理で動く最近の世情の荒波が、津波のごとく押し寄せてきている影響だろうか。夫が折れるとは、女性が自立し、強くなってきている社会の反映かもしれない。そこには、言葉がはさまっているわけで、だいたいが男性は口下手で、無口が多く、会社などでは、商売に関した理屈をとうとうと述べても、子どもの育児・家事となると、こころもとない。家事分担が進んで、夫が手を出す機会も多くなったはいいが、そのやり方をめぐって、口争いも生ずる。それまでは、家事はすみわけができていたから、その面での衝突は起きなかったのにである。

わりと意外なのは、自分自身も体験していることだが、家の中にモノを置く場所をめぐってのいさかいが多いということだ。椅子の置き場所、もらったモノなどの飾り場所、日用品の置き場所やしまい方など、きりがない。

では、夫婦げんかの改善はというと、人柄・環境その他複雑な事情からそれは起こるため、それぞれがそのマニュアルを多方面から身につける以外にないのが実情だ。それでも、その改善の一つに、「ほうれんそう」と覚えて実行するといいと知ったことがあるので紹介しておく。報告・連絡・相談――だ。外から帰っての必要な報告、大事な連絡を欠かさない、困ったことは相談するの三つ。

最後に、多くの難事は、時間が解決してくれることも付け加えておこう。

食べ物のことわざ

香煎《こうせん》をこぼすとノミになる

〝コウセン（香煎）〟は、信州人の専売特許かと思っていたら、徳川家康が好んで食べたというから、わりと広く知られていたらしい。チベットでは、同類のものをツァンパと呼んで主食にもする。

別名、〝はったい粉〟。大麦を煎《い》って石臼《いしうす》でひき、粉にしたもの。キナコも大豆をそのようにしたモノだが、似て非なるものだ。

それは飢えを多かれ少なかれ体験した私たち戦中世代だけが知っていると思っては間違いだ。現代のレシピに、コウセンとご飯をまぜて入れた食パンをつくったらおいしかったとか、コウセンはけっこう使われているのだ。

本題からだいぶそれてしまったが、私たちが子どものころは、おやつ代わりに、コウセンの粉を手のひらにのせて舌でなめたものだ。練って食べる方法もあったが、自分の体験では粉のまま食べた記憶しかない。

その大事な粉をこぼすと、ノミになって歩き出すぞ、と戒《いまし》めていることわざだ。ノミをそこに想像させるとは、いかにも、「まていに食べろよ」と、節約・倹約を強いた時代らしい。

〝までい〟とは、古語の「真丁」から発生してやがては方言として、北海道、東北、信州などで少し形を変えながら留まった優れた方言だ。東北では〝までい〟という。ひと言で言えばていねい、ということ。東日本大震災に遭った飯舘村の村長、菅野典雄氏は、これからの時代は、カネ・モノ一辺倒の暮らし方から、心を豊かに生きる「までいライフ」にしようと提唱しているとか。

手間ひまおしまずていねいに、心をこめて生きる――。それは日本人のこれからの生き方を示唆している言葉でもある。

「昆虫」の登場することわざ

▼ノミの夫婦＝夫より妻のほうが背が高いこと。

▼甘い物にアリがつく＝うまい話や利益には人が寄り集まってくる。

▼アリの思いも天に届く＝弱小な者でも、一念をつらぬけば、やがては望みをかなえられる。

▼頭の上のハエを追え＝人のおせっかいより、まず自分のことをするほうが大切である。

信州の食い倒れ、上州の着倒れ

「食い倒れ」とは、飲食にお金をかけすぎて財産をなくすことで、大阪の食い倒れがよく知られている。さて、「信州の食い倒れ」なんて言葉があっただろうかと調べてみると、意外や意外、『信濃ことわざ歳時記』によると、信州人の中には美食家で料理の味にうるさい人が多いと、蕎麦《そば》の味にからめて書いてある。

だが私には、これをもって食い倒れとは言えないなあ、と思った。食い倒れとは、美食に凝り過ぎて財産を失う意味で使われてきたはずだから、信州ではこれはずれたことわざということになる。ほんとうに存在したとなると、蕎麦などの味自慢、宣伝として誰かが言いだしたものだろう。そういう自由奔放な使い方が最近ははやっていて、「○○の食い倒れ旅」とか、「食い倒れ紀行」という言葉がやたらと目につく。

ところで、上州の着倒れは信用してよいものだろうか。思い当たるのが、群馬には桐生織があることだ。その記念館まで桐生市にはある。また富岡市には世界遺産に登録された富岡製糸場があったことは周知のとおりである。おのずとその地元は着物へ心を深く寄せてきた伝統がある。

今では、ここを中心に着物のファッションショーを開催したり、着物を着てまず上州を埋め尽くそうとか、着物で京都へ集まるイベントに参加したとかの話があるようで、上州の着倒れはあながちはずれてもいないようだ。しかし、全国では秋田県にも「秋田の着倒れ、食い倒れ」という言葉があることをお忘れなく。

「○○倒れ」の登場することわざ

▼桐生の着倒れ、足利の食い倒れ
▼大阪の食い倒れ、京都の着倒れ、江戸の呑み倒れ
▼神戸の履き倒れ
▼堺の建て倒れ
▼名古屋の貯め倒れ
▼奈良の寝倒れ
▼小倉の喧嘩《けんか》倒れ

うちの飯よりよその麦飯

人は、不幸なことでないかぎり、非日常を新鮮な気持ちで喜ぶ心理があることを前提にしている。信州のように寒村の多い土地では、麦飯よりも白米の飯のほうがうまい上等な食事であることは、みんながわかっていることだが、なぜかよそへ出かけたとき、「こんな麦飯ですまんが……」と出されたところ、まずいどころか、じつにうまい。麦飯にかぎらず、そういう体験を味わった人も多かろう。

だらだらしたわが家の日常の連続の中で白米を食ったところで、家族間の会話も、いつもと同じ――。そんなことを思い浮かべながら、友人宅などで会話もはずんで食うと、なんと麦飯のほうが、というぐらいうまいではないか。

そこには、わが家と違ってお客さん扱いだから、相手のもてなしの心がこめられている。よって心理的にも違う。食べモノのうまい、まずいがその日、そのときの環境、そしてからだの調子が影響していることは、みんな承知している。ここでは、からだの調子のことは問題にしていない。もてなしにあずかることのうれしさが暗にある。

さて、このことわざの意味とはちょっと違うが、終戦記念日に、戦争を知らない世代にと、あの時代の雑炊《ぞうすい》やら、イモ飯やらを試食してもらうイベントがよくある。ところが、「ああっ、おいしい!」という声が返ってきてびっくりする老輩たちの光景を、しばしば見かける時代となった。

「飯」の登場することわざ

▼他人の飯を食う＝他人の家で苦労をして、社会の経験を積むこと。

▼おてんとさまと米の飯は、ついてまわる＝家出のようにして放浪しても、食いっぱぐれることはない。かならずや、飯にありつけるという楽天的発想から生まれた。

▼他人の飯には骨がある＝「**他人の飯には棘《とげ》がある**」とも。他人の家で世話になるのは、なにかとつらいことがあるということ。職人として弟子入りした人などは、とくに身にしみて感じることわざ。

▼食わぬ飯《いい》が、ヒゲにつく＝覚えがないことを証拠を出されて疑われること。冤罪《えんざい》をことわざにするのに、食うことを持ちだしているあたり、いかに庶民は昔、貧困であったかが知れる。

蕎麦《そば》を常食する人は貧乏する

蕎麦は、元来米作に不向きな土地の産物であった。逆に言うと、天候不順の凶作のときでもつくれる〝救荒食物〟としての価値があった。それが、やがては江戸時代に入り、美食の価値を持つようになり、信州では米よりもお金がかかることから、このようなことわざが生まれた。古くは米作とは縁遠い土地ではヒエやキビ、アワなどとならんで蕎麦も常食とする人びとが多数いた。それらの環境にあった人びとは、もともと貧乏であったわけで、このことわざは次元が異なるにぎやかな里の町での話だ。蕎麦を常食のように食べるという意味には、蕎麦の価値の高さがうたわれている。だから食い倒れになるぞ、と戒《いまし》めているが、そこには多分に宣伝や蕎麦自慢の含みが感じられる。

ユネスコは平成二十五年（二〇一三）、和食の食文化が、自然を尊重する日本人の心を表現したうるわしいモノであると認め、その伝統的歴史とともに、世界無形文化遺産に登録することを決めた。ということは、食べ方のしぐさまでも評価されたわけだから、蕎麦をズルズルと音をたててすする、それも欧米のマナーからはずれていると、自虐的になる必要はないということ。

においマツタケ味シメジ

信州では秋の話題にかならずのぼるキノコ。しかもそれはマツタケの話に集中しがちだ。なにしろその生えるありかからはじまって、においや口に入れ、味わうまでの話がかしましい。「**キノコのありかは、親・兄弟でも教えられない**」なんていうことわざまである。ここでいうキノコとは、もちろんマツタケのことだ。

そのマツタケは、よいにおいが特長であるが、味はシメジのほうが優れているという意味。つまり、シメジもマツタケもそれぞれに特長があるということ。

それを人間の個性的魅力に置き換えてみると、最近はとくに十〜二十代の若い世代に強い個性をもった人間が少なくなってきているのが気に

キノコの代表格マツタケとシメジ

かかる。「さとり世代」という言葉が広まっているが、その特徴は、「朝日新聞」（平成二十五年三月十八日付）に載った博報堂のアナリスト、原田曜平氏よると、①車やブランド品に興味がない。②必要以上に稼ぐ意欲がない。③パチンコなど賭けごとをしない。④海外旅行への興味が薄い。⑤地元志向が強い。⑥恋愛に淡泊、⑦過程より結果を重視する。⑧おもな情報源はネット。⑨読書も好きで物知り。

以上のようにまとめることができるという。親の世代からすると、恋愛に淡泊とは結婚しないことになる可能性が高いので困るが、カネがかからないような生活志向がみえてくる。それは親孝行的だが、冒険もしない、過程より結果の重視は、クセものだ。

ここからはにおいマツタケも、味シメジも出てきそうにもない感じではあるが、そう断言するのも早急だ。私たちと変わった価値観の変種が生まれることもありうるのだから。

「キノコ」の登場することわざ

▼**キノコとった山は忘れられない**＝一度もうけたうま味は忘れられないということ。

▼**キノコと名乗ったからにはかごに入れ**＝ロシアのことわざ。やるなら徹底的にやること、最後まで責任を持って中途半端はやめろ、という意味。

生味噌《みそ》食いは身上《しんしょう》つぶし

生味噌をご飯にそえて食べるとうまい。とくに信州味噌は、と言いたいところ。が、そんなことを続けていると、財産をなくしてしまうぞ、ということを戒《いまし》めたことわざ。

普通は味噌を食べ続けても財産を失うなんてことはあり得ない。言わんとしていることは、それだけ味噌はおいしいものだということに尽きる。とくに信州味噌はだ。信州味噌は安養寺《あんようじ》ラーメンで知られる佐久市の安養寺が発祥地で、平成二十一年（二〇〇九）の「米麦加工食品生産動態等統計調査」によると、全国の出荷量の四三パーセントを信州の味噌がしめているという。

さて、善光寺かいわいでの味噌のエピソードに、おもしろいものがある。門前の有名な売り物と言えば、八幡屋磯五郎のトウガラシだが、それを旅宿に泊まった客が味噌汁にふりかけて食べると食がすすみ、何杯でもおかわりするので、宿側が悲鳴をあげてしまった。そこで宿の主人たちは相談して、百円ずつ出しあい、トウガラシを全部買い上げてしまおうとした。ところが八幡屋側が承知せず、不発に終わった。その代わりに恨みを残すことになってしまったという（明治初年「善光寺繁盛記」による）。

初物《はつもの》を食べると七十五日長生きする

日本は長寿社会になった。とりわけ長野県は、そのトップにある。だが、めでたいと単純に喜んでいる声はあまり聞かれない。

ところで、このことわざは、「梅干しはその日の難のがれ」にも似た縁起かつぎから出た言葉であることは承知のうえで語り継がれてきた。梅干しの場合はたしかに健康にいいことはわかっているが、難のがれとまで言ってしまうと、呪術的おまじないに類する価値ぐらいにしか受け取れない。「初物」のナスだの、キュウリだのを手に取って食べるときは、それまで丹精こめて育ててきた心が実ったうれしさがあるから、特別な意味をこめたい――。そんなことから生まれた言葉だろう。節季の日数をただ当てた七十五日と長生きには、たいした意味はない。が、なにしろ「初物」には、作物の側からすれば、待ちに待った結実の喜びがある。

結実だから、ナスやキュウリにもおのずと精がこもっている。それが人間との出会いで新しい運命が生まれる。ただし人間に取られてしまうのだから、ナスやキュウリにとってよい出会いであったのかどうかは、疑わしい。あくまでも食べる人間の価値観で決めつけているだけだから。

ともあれ、初子、初孫、初売り、初日、初出場……。数字で言えば「一」。そして産声だの出発だのは、いいね。だが、「初死に」というのがないのが生物、人間。この世を二度と通らない旅人なのだ。つまりは、きのうの人間には絶対なれないということでもある。だから今日も初日、初出場の気分でがんばろうか。

「野菜」の登場することわざ1

▼イモばかりは、親はいや＝イモ（とくに里いも）は親イモよりも、子イモのほうがおいしいから、親はいやということ。

▼ウリ売りでもウリ売りそこなう＝なれた商売・仕事でも、うっかりして失敗することがある。油断大敵。

▼アズキの豆腐＝アズキから豆腐はできない。よって、あり得ないことを言う。

大根頭にゴボウ尻

身近な野菜をあげるとすれば、大根はニンジンと並んでその筆頭株だろう。女子高生の生足は、いまだに「ダイコン足」などと呼ばれてからかわれもする。長野市では以前、長野西高校の学校近くの坂が「大根坂」とも言われていた。

ところで、「大根役者」という不名誉な、役者にあたえられる呼び名もある。こちらの真意は、大根を食って、食あたりするものがまずいないことから、劇を演じてもヒットしない、「あたらない」ヘタな役者の蔑称《べっしょう》として使われる。

そのようにたとえにしばしば引き合いに持ちだされる大根。その大根のおいしい部分は太い頭のほうだ、ゴボウは反対に尻尾のほうだ、といったことわざだ。大根の頭のほうは、甘みがあって、「おろし」に使うとよい。真ん中あたりは煮物に、そして尻尾の部分は味噌汁にして食べると持ち味が引き立つ。料理の心得のある人は、そのように使い分けているはずだ。そして、焼き魚には、「おろし」を添える。その風習はいつからかは知らないが、発ガン性のある魚の焼きこげの抑制、無毒化に役立つとも言われている。

さて、ゴボウだが、みるからにまずそうな土色だが、どうしてどうして、きんぴらゴボウのうまさは誰も否定しまい。それにはやわらかくておいしい尻尾のほうがよろしい。

余計な話になるが、「きんぴら」ってなんだ――を付け加えておく。あの大江山の酒呑童子《しゅてんどうじ》を退治したのが、坂田金時（金太郎）。これには実在人物説があるが、「金平《きんぴら》」なる弟が江戸時代の浄瑠璃《じょうるり》で創出された。そして、化け物退治で大活躍した。その強い名を料理に借りたというわけ。

「野菜」の登場することわざ2

▼冬至《とうじ》にかぼちゃを食べるとかぜをひかない＝昼の短い冬至の日にかぼちゃを食べて、ゆずをいれた風呂に入るとかぜをひかないと言われる。栄養のあるかぼちゃで、冬に備えようということ。

▼大根どきの医者いらず＝大根は消化を助け、昔から体によいとされている。その大根の収穫どきには健康になるので、医者がいらなくなるということ。

▼ニンジン飲んで首くくる＝病によく効くと言われる朝鮮人参を飲み続け治ったはいいが、その高価な代金がかさんで死ぬ運命になってしまった、の意。無計画なおこないを戒《いまし》めたことわざ。

一日一個のリンゴは医者いらず

リンゴほど人類に親しまれ、物語や歌に登場する果物はあるまい。

そもそも聖書のアダムとイブが食べた、禁断の果実がリンゴである。白雪姫が継母から食べさせられたのもリンゴだった。ただし毒入りだったが。

歌では、なんといっても日本の敗戦直後、空襲の焼け跡にはやった「リンゴの唄」（サトウハチロー作詞・万城目正作曲）だろう。並木路子が歌うその明るさが、暗い気持ちでいた人びとの気持ちを戦後の復興へとかりたてた。

信州でのリンゴの歴史は、明治のはじめに政府がリンゴの苗を大量に輸入し全国規模で配布したことにはじまる。信州はその栽培の適地で、とりわけ昭和初期に盛んだった養蚕業が世界同時不況で打撃を受けた際、県が率先してリンゴの普及に努めたことの影響は大きい。現在のリンゴの生産量は、一位青森県、二位が長野県となっている。

赤いリンゴは、ふしぎと健康的なイメージを誘うようだ。それは精神的安らぎや元気をあたえてくれる。このことわざは、実際にリンゴは繊維質・ミネラル・ビタミンC・カリウムが豊富で医学的にみても優れた食べ物であることを語っている。

よって、「医者を遠ざける」あるいは、「医者いらず」とも言われる。ほかの植物で同様に言われているものの代表格はアロエ。苦いけれど生命力が強く、便秘には効くしやけどしたときに傷口にあてると早く治るとも言われる。胃炎や高血圧にも効くと言われ、多方面の民間治療薬として活躍してきたという点では、さすがにリンゴをしのぐ。けれどリンゴのようなロマンがない。やっぱりロマンはリンゴから生まれる。島崎藤村の「まだあげ初めし前髪の林檎《りんご》のもとに見えしとき」で始まる詩「初恋」は、信州の馬籠《まごめ》のリンゴ畑なくして語れない。

外国のリンゴのことわざ

▼リンゴはリンゴの木の近くに落ちる（ロシア）＝子どもをみればその親がわかるということわざ。

▼きれいなリンゴ、中に虫あり（エストニア）＝とくに女性の外見について隠された傷のことを言っている。

▼赤いリンゴと敵の友情は信じるな（タジキスタン）＝外見はよくてもわからないぞ、という警句。

守り柿を残す

最近は、信州人も柿を食べる習慣があまりないせいか、秋も終わりだというのに、柿の木に、熟した実ががらがらとなったままにしておかれている姿をよく見かける。

食べる物が乏しかった私が子どものころは、競って木に登るか、棒で落として食べたものだ。田んぼの稲刈りなどの仕事を家族でするときには、おやつ代わりに柿を持っていっては食べた。

さて、柿は食べなくなったといっても、伊那谷の市田柿は名物だから、守りぬいているようだ。秋の伊那谷は電車で行くと、つるし柿と紅葉で見事な色合いとなる。

「守り柿を残す」ということわざは、習慣と言ってもよい。さんざんおいしくいただいた柿の終わりの季節には、木のてっぺ

木の先に残した「守り柿」

んに、一個だけ柿を残して冬を迎える習慣である。「来年もまた、いただきますので、よろしくお願いいたします」といった祈りをこめて残すのが守り柿である。モズやカラスのために残すのだという人もいるが、樹木への敬虔《けいけん》な気持ちをこめたものだと考えるほうが自然だろう。

日本人は、四季のめぐりを大事にし、そのサイクルの中で豊かな実りを与えてくれる自然への感謝の気持ちを忘れない民族である。

歌人、土田耕平に童話「守り柿」というのがある。そこには、カラスさえ、「ああ、これは守り神さまだったね。ぼうや、食べてはならないよ」と、子にさとすシーンが描かれている。現代人の忘れかけている心そのものでもある。

酒の徳、孤《こ》なくかならず隣《りん》あり

「孤」は孤独の意味。このことわざは、お酒のいいところは、酒飲みは孤独ではなく、かならず飲み友だちができるという意味。「論語」の中の「徳孤ならずかならず隣あり」という孔子の言葉が由来となっている。

酒のよしあしを決める命は、水と米だ。信州の地酒はそうした条件に恵まれていて自慢してよい。ところで、酒のよいところは、飲むと気軽に人が寄ってきて隣に座ったりして仲良くなったりするものだということ。

藤山一郎が歌った「酒は涙か溜息《ためいき》か」(高橋掬太郎作詞・古賀政男作曲)では、「酒は涙か　ためいきか　かなしい恋の　捨てどころ」と歌っているが、ひとり酒を飲み、心のうさを捨てている雰囲気のところへは、寄っていかない。そういう飲み方もあることは事実だ。

だが、歴史的にみれば酒は古代から神と人間との仲をとりもつ存在として扱われてひとり酒の習慣はなかった。やがて、冠婚葬祭をはじめとする儀式には欠かせなくなったが、人と人とを結ぶ友情や愛情をあらわす際に使われるようになった。杯を回して飲む習慣は、とくにサムライの時代に入って、「私とあなたは、かたき同士ではありませんよ」という証として、また忠誠を誓う儀式的な意味合いをもって飲まれた。指を刃物で刺し、酒杯の中に血を一滴落とし、その心を強くあらわすことさえあった。

晩酌や、うさばらしのためのひとり酒の風習は、江戸時代に入ってからのようである。最近はワイナリー（ワイン製造業）が増え、日本酒に負けず愛飲家が増えた。とくに女性にはワインのほうが似合うのだろうか、明日の活力にグループで盛りあがることも多いようだ。

「酒」の登場することわざ

▼酒飯雪隠《さけめしせっちん》＝訪問客を迎えるとき、酒、食事、トイレの三つにはとくに心配りが必要だ、ということ。だが、親しさかげんや、時間によって変わるのは常識。

▼酒は詩を釣る、色を釣る＝酒は、詩情を生み、また情を誘うものだということ。

▼酒返しはせぬもの＝酒を贈り物としてもらったとき、それを返すことは失礼だ。

▼下戸《げこ》の肴《さかな》あらし＝酒が飲めない人が、やたらとお膳の肴を食い散らかすこと。

手前味噌《てまえみそ》

「これは手前味噌ではありますが」と断って、結婚式などでスピーチをする人をよく見かける。聞き手に高慢な感じを与えないよう控えめに、自慢話を披露する話法である。

なぜ味噌なのか。昔から信州にかぎらず、農村の家庭では、自家製の味噌を作る習わしがあった。大豆・塩・麹《こうじ》だけあれば、味噌汁ばかりでなく、おやきや漬物づくりにも使える味噌ができるのである。味噌は豊かなタンパク源でもあるため、欠かすことのできないものであることは周知のとおりである。

それぞれの家庭では、引き継いできた味があった。それを新参のお嫁さんが覚えると伝来の味は守られることになる。それは、作り手の塩かげんや、大豆の扱い方などで、微妙に味が違うから、隣近所競うように「おいしさ」を工夫していく。そして、満足な味が完成すると、ひとりでに笑みがこぼれるような味噌自慢となる。

「手前味噌」とは、文字どおりに目前にある味噌と勘違いしがちだが、自家製の味噌のことである。それを自慢しすぎるような場合があったから、悦に入って自慢話をすることを戒《いまし》めるために使われるようになったのが、このことわざの真意だ。

仕事のことわざ

日暮れの山犬

山犬は、山の多い信州人には身近で、民話にも多く登場する。昼間は山奥にひそんでいて、日暮れになると里近い場所まで出てきて獲物をあさる。つまり働く。

人も、午前から手順よく仕事をしておれば、夕暮れ、遅くまで田畑に残って仕事をする必要がない。そういうことをしていると、アイツはなまけ者だから、そんなに遅くまで仕事をするような始末になってしまうのだ、と言われてしまう。このことわざは、要領よく仕事ができないと、山犬のように日暮れに仕事しなければならないという戒《いまし》めがこめられている。

ところで、会社や役所では残業がある。なまけていたわけではなくとも、日暮れの山犬状態になることがある。だから単純に、居残りをしているものを、「アイツは日暮れの山犬だぜ」などと言わぬほうがよろしい。しかし、職場には昼間はさぼっていて、みんなが帰宅するころに一生懸命働いているぞ、という姿を上司に見せる人間もいる。それこそ「日暮れの山犬」と揶揄《やゆ》するがよい。

現代は八時間労働といった基準があるにせよ、会社は市場原理の歯車の中で動いている。それに、家で寝ていたときにヒントを神様からいただいて、発明に結びついた結果、思わぬ会社への貢献度を認められることもある時代だ。また、病院に勤める看護師さんが、その献身的な患者さんへの愛情が評価されたりもする。そうなると、やはり、日暮れの山犬などということわざは無関係である。

同じ意味のことわざ

▼**早起きは三文の徳**＝朝早く起きることは健康にもよく、良いことがあるということ。朝寝坊を戒《いまし》める意味があるが、もとは早起きしても三文ほどの徳しかないという意味で使われていたとも。

▼**朝起き千両、夜起き百両**＝朝起きて仕事をするほうが、夜起きて働くよりずっと能率的だという。

▼**朝の一時は晩の二時に当たる**＝これも同様の意味で、朝の一時間は夜の二時間にあたり、夜に比べて倍の仕事ができるということ。

▼**宵寝《よいね》朝起き長者のもと**＝早く寝て早く起きることが、金持ちになることだ。昔は夜起きていれば油を灯さなければならなかった。

大ズクありの小ズクなし

人間には、四つのタイプがある。

こまごまとした仕事をよくこなし、世間からあの人は、働き者だったねえ、と言われて地味に生涯を閉じるタイプ。これをAタイプとする。Bタイプは、こまごましたことはなにもせず、のんびりしていたと思ったら、世間がびっくりするような大仕事をなしとげるタイプ。Cタイプは、学者で言えば、コツコツと地味な研究を重ね、ついには大きな成果をあげるタイプ。Dタイプは、のんびりとなにもせずに、他人に助けられたり、迷惑をかけながら一生を終えるタイプだ。

このことわざは、Bのタイプのことを言っている。民話の主人公であげるとすれば、小県地域の「小泉小太郎」だ。彼は、婆さまに、「もう、いい年になったで、少しは働けや」と言われてはじめて山へ行く気になる。そうしたところが、山の萩を全部束ねて背負って家に帰ってくるような大仕事をする。安曇平の民話では、彼は竜になり湖水をぶち開け、平野をつくるような大事業をなしとげる。

だが、Dタイプは、ふだんの日常ではとかく世間からは変人、奇人扱いで、よくは言われない。けれど人類の文明や科学・文化は、そうしたアウトサイダーによって拓かれた部分もある。

小泉小太郎の伝説が残る上田市小泉

ズクなしの大カンガラ

「ズク」がある、「ズク」がないとは、現代でも信州ではよく使われている方言で、やる気や根気のことを言う。百姓仕事で毎日を暮らし、生計をたてていた農民は、昔からこまめにからだを動かしていた。じっとしていることは、罪悪のようにさえ言われてきた。そういう人を、あの人はズクがあっていいとか、反対に、なまけているものをズクなしと言って軽蔑してきた。

カンガラとは、その形が人の足に似ている農具で鍬柄《くわがら》の一種。「くわがら」がなまって「カンガラ」になったのであろう。

さて、このことわざだが、からだが大きくて、大足の人はあんがいズクなしだ、という意味。あるいは、からだばかり大きくて働かない者は笑い者だという意味にもとれる。いずれにせよ、こまめに働く者は奨励され、コタツなどで寝転んでばかりいる者は、さげすまれた農村社会が反映されている。横綱のような巨体の人が寝てばかりいると、かなり目立つせいもあるだろう。

ところで、「ものぐさ太郎」の話は、もっともズクなしの典型だが、それが幸運をつかむ話になって、今では銅像までできている。ということは、ああいうふうにズクなしで暮らせたらいいなあ、といった願望があったから、民話が生まれたということになる。

レオナルド・ダヴィンチは、「芸術家はなにもしてないときにこそ多くの仕事をしている」と言った。ダヴィンチが想を練っている姿だけを見ていた人は、ズクなし男と決めつけるのであろうか。それでは詩人、小説家、画家、そのほかの知的業種にたずさわっている者などみんなズクなしと言われかねない。それが大男であれば、なおさらこのことわざにピッタリとなってしまう。

「ズク」を使ったことわざ

▼**ズクなしの大だくみ**＝ろくに仕事もできないくせに、自分の力もかえりみず大きなことを計画すること。身のほど知らないことの意味。

▼**ズクなし豆**＝ツルを伸ばさないササゲのことを言う。ツルを出すズクもないと。

▼**コタツは、ズクなし袋**＝冬のこたつは気持ちいいので、なにもする気がなくなる。

能なしの節句働き

「節句」は「節供」ともいわれ、江戸時代には一月七日（人日《じんじつ》）、三月三日（上巳《じょうし》）、五月五日（端午《たんご》）、七月七日（七夕《たなばた》）、九月九日（重陽《ちょうよう》）の五節供が定められた。この日は、神に食物を供するため、どんな働き者でも休むのが当たり前だった。

五節供の中でも、ひな祭りは、新暦では三月三日。信州ではひと月遅れで祝う習慣がある。春の遅い信州では、桃の節句の気分はやはり寒風の吹く三月よりも、四月だろう。もっとも、今は気早に商業主義が行事を先取りして、いろいろと宣伝している時代だから、「明かりをつけましょ　ぼんぼりに……」の童謡は、かなり早くからテレビ・ラジオほか、店頭などから聞こえてくる。

さて、このことわざだが、このような時代になる前の村社会の人間模様の一端がうかがえて興味深い。私の育った村でも、お節句ではなく、「農休み」とふれが回っている日に田んぼに出たりすると、なんだなんだ――と村のあちこちで非難の声が聞かれた。

いつもなまけて働かない者が、休む習慣となっている休日にかぎって働くことを非難して、「能なし」をくっつけて理屈化している。村社会では、行事や祭りごとを大事にして絆を保っていたから、それを守らないと共同体が崩壊していくことにもなる。その警戒感のあらわれとみてもよいし、優劣を、今ほどでもないが競う心理から生まれたと考えてもよいだろう。

ところで一口に「能なし」と言ってしまうと、全否定してしまいがちだが、そのように言われていた人が、後世に名を残すとか、人びとのために影で尽くしていたなんていうことも十分あり得ることだ。昔は「能なし」というのを「農」の基準のみで照らしていたきらいがある。

中野市のひな市

早飯、早クソ、早走り

早いといったら弘法大師《こうぼうだいし》ほど早足で駆けたものはあるまい。北海道を除いて信州はもちろん、日本には五千もの弘法伝説があるのだから。

まあ、それは冗談として、身近な野良《のら》仕事の話に。――野良仕事という呼び方には、どこかのんびりした風情があり、百姓仕事も楽しいと思わせる。だからか、農業に従事する人びとからは、「早飯、早クソ、早走り」ということわざは生まれない。

しかし、大工・畳職人・とび職・石屋・左官・植木屋などなど、職人の世界では、ずっと時間との勝負であった。このことわざは、食事、用便、仕事が早いのは職人として必要なことであり、早く飯を食べることも特技のひとつになるということ。

職人たちの世界は、日当いくらであり、家を建てるのであれば、引き渡し日が決まっていて、次なる仕事が待っているのだ。おてんとうさま相手の農業とは違うというわけだ。

しかし、その農業も現代ではハウス栽培や野菜促成工場へと変貌しつつあり、里山が目に浮かぶ唱歌「故郷」の風景も、なくなりつつある。

現代では工業製品や商品でも、他社に負けまいとする競争が激しく、職人たちとは別の意味で、時間との競争がある。時間を極端に切り詰めて利潤を追い求めていく方向にあるが、その行きつく先は、大会社ならば、株式・証券売買だ。本業よりも証券の取引や金融に手を出したほうが早いと、銀行をつくってしまった会社も出てきた。
一方で、ドイツの作家、ミヒャエル・エンデは、代表作の「モモ」に描いたように、こうした世界の動きに警鐘を鳴らして死んでいった。また、彼はのろいことの象徴であるカメを愛し蒐集《しゅうしゅう》していたことでも知られている。

同じ意味のことわざ

▼早飯、早クソ、芸の中
▼早飯、早クソ、早算用
▼早飯、早クソ、出世のもと

山師は山に果てる、川師は川に果てる

高山をもつ信州では、山の遭難事故を伝える報道が、あとを絶たない。遭難する人の多くは、山の怖さを知らないからだとよく言われる。だが、山を知りつくしている「山師」が悲劇にあったりするのも事実だ。ここで言う「山師」とは、山に入って仕事をする関係の者すべてをいう。

言わんとしていることは、そうした山を熟知していても、結局は山で死ぬことが多いという不注意への警告だ。川で仕事をする猟師や船乗りなども同様で、その本業の場で命を奪われることがあるので気をつけろ、というわけである。

さて、それはそれとして大事な警告だが、画家や作家はその芸術の延長線上で果てることを潔いとする志の人もいる。そのため、このことわざは警告ではなく、山師は山、川師は川で果てるのが本望だと言う意味と、とれなくはない。

たとえば作家の場合、谷崎潤一郎は晩年、高血圧が悪化する中、迫りくる死を予感しながら「源氏物語」の現代語訳（口述筆記）に挑戦し、結局は腎不全・心不全には勝てず他界している。昭和四十年（一九六五）、七十九歳であった。まさに「文学に死す」だ。

島崎藤村にしてみても、昭和十八年八月、七十一歳で「東方の門」を執筆中に脳溢血《のういっけつ》で死去しているから、本望というべきか。最期の言葉は、「涼しい風だね」であった。

俳優で挙げれば、なんといっても宇野重吉。ガンと闘いながら地方への旅公演を続け、昭和六十三年、七十三歳で演劇人生をまっとうした。

「生き方」に関係したことわざ

▼朝《あした》に道を聞かば、夕べに死すとも可なり＝ここでいう「道」とは物の道理や人の生き方のこと。朝に生き方を悟ることができれば、夕方に死んだとしても後悔はないということ。

▼仏界に入り易く、魔界に入り難し＝ことわざではなく、一休禅師の言葉。善行は誰でもわかりやすいが、悪行は入ってしまえば、なにが悪かわからなくなり、自己を見失うということ。川端康成は好んでこの言葉を色紙にしたためたり、掛け軸にして飾っていた。

苗代《なわしろ》半作

農民にとって、米のでき具合がどうかということは、死活問題だ。よって、農家は苗を育てることから心血をそそぐ。田んぼのすみに、苗代を作るが、それは家に近い田につくり、苗代に目配りが行き届くようにする。また、その水が温かいかも苗代をつくる場所の判断材料とする。

東信地方では、昔は苗を一度つくった場所には稲作をせず、翌年そこに苗代をつくるために一年間田を休ませて、地力を保存しておくといったことまでした記録がある。なにしろ、「苗代半作」だからだ。つまり、稲の育ちは苗で半分は決まってしまうということ。

それを人間にたとえてみると、苗の時代とは子ども時代にあたる。人びとにとって子ども時代は人間の本質的な部分を形成するので、重要な時期である。

苗代

これについて文学の世界に目を向けてみる。思い当たるのは、島崎藤村、堀辰雄、外国ではトルストイ、ヘルマン・ヘッセなどなど、文豪と言われる人たちが異口同音に、子ども時代の大切さを説いている点だ。ヘッセの語る言葉をすくってみると、こんなふうになる。

人は一生、十三、十四歳ごろまでの体験を糧《かて》として生きている（「ロスハルデ」）——と。

なお、藤村には、九歳で木曽の馬籠《まごめ》から上京した時期のことをつぶさに描いた「生ひ立ちの記」があり、堀辰雄には、幼少のころを繊細な筆致で描いた「幼年時代」があるので一読をおすすめしたい。

「苗」に関係したことわざ

▼苗日は、仏滅の日にはしない
▼苗日は、四（死）と九（苦）の日をさけろ
▼苗日は、八十八夜から四十日くらいがよい
▼苗が悪ければ、その年は凶作

縁の下のタケノコ

北アルプスの山小屋の裏に、前に植えて置いた雪割草が、いつのまにか雪を割って出て、美しい紫の花を咲かせていた――。こんな記事を新聞で見つけた。

ところで、表題のことわざは、家の縁の下から生えてくるタケノコは、いくら伸びても床でつっかえて、それ以上には伸びない。出世しない人のことを指していう。「うだつが上がらない」ということわざと同じ意味。「うだつ」とは、家屋の上に取り付けられる防火壁や柱、装飾などをいい、特別に費用がかかる。よって、裕福な家でないとできないことから、それのあるなしが、出世とか地位の象徴として言われてきた。

ところで、最近は出世とか、地位にこだわらない自由な生き方を選ぶ人が増えてきている。価値観の多様化だ。もちろん自由に生きたいと言って、信念も目的もないまま現実から逃避して勝手気ままに暮らすのでは失敗する。

経済成長ばかりを目指すと、見えない心の問題をないがしろにする。脚本家、倉本聡が北海道の富良野に居を移して活動をはじめたのは、そんな文明批判からであった。自然の摂理を大事にして生きる生き方を発見しようと。

北米に二十万人以上、コミュニティーをつくって近代以前の暮らしを続けているアーミッシュと呼ぶキリスト教の一派は、徹底的に科学文明を排除した自給自足の暮らしをしている。家庭には電話も、車もない。馬車の生活だ。特定の教会をつくらず、普通の家を持ちまわりで教会とする。特定の教会をつくってしまうと、権威が生じてしまうと恐れるからだ。もちろん出世、地位の概念がない。

日本の中にも、そういう暮らしに共感して生きている人が増えている。

出世に関係したことわざ

▼一引き、二才、三学問＝出世には、まず上に立つ人の引き立てが必要。次に本人の才能や手腕。学問は三番目。

▼高慢《こうまん》は出世の行き止まり＝謙虚な心を忘れて自分の出世を自慢するようになったら、それ以上は出世できないということ。謙虚な気持ちを忘れるなという戒《いまし》めのことわざ。

▼凌雲《りょううん》の志《こころざし》＝雲をしのぐほどの高い志。また立身出世をしようとする志。「青雲の志」も同じ。

▼衣錦還郷《いきんかんきょう》＝きらびやかな衣服を着て、故郷に帰ること。つまり出世して帰ること。

知らず商いをするより冬田に水をかけろ

信州は冬が長いからといって、収穫した田んぼをただほうっておくことはしなかった。最近は見かけなくなったが、春になると天然の肥料となるレンゲの種をまき、レンゲ畑がきれいであった。麦がよく育つところは、レンゲでなく麦まきをしておくから、雪解けを待って麦踏みをして強い茎《くき》に育てようとする。さて、このことわざは、そのように田んぼがにぎやかになる前の冬期の世話の仕方だ。田んぼに水をかけろ、というわけ。水なんかなんになると思ってはいけない。川は流れている間に濁りが沈殿《ちんでん》し、わずかではあるが植えたものを肥やす栄養分を含んでいる。レンゲは穀物ではないが、刈り取って田んぼに入れると、これも肥やしになり、また家畜の飼料にもなる。百姓であるならば、冬、農業以外の商い、内職などに手を出してリスクを負うより、着実に腰をすえて、田んぼに水をやっていたほうが実りが大きいぞ、という戒《いまし》めである。

とはいえ、別の仕事を上手にこなし、内職にとどまらず本業にしていった例もたくさんある。北信の信濃町古間の鎌職人や茅野市の鋸《のこぎり》職人たちが生まれたのも、そんな背景からだ。鋸職人は、高島藩が江戸から職人を招いたのがきっかけといわれている。けれど、とくに鎌などは、農業そのものが衰退してきている現代にあっては希少価値となってしまった。とくに昭和四十年代の減反政策で、農業から離れる者が続出し、田んぼに水をやるどころか、放置されたまま、草の生えるままになっている光景がさびしい。「農」でなく、「知らず商い」に携わる人びとが多くなり、国のかたちそのものが問われる時代となっている。

「田」が使われることわざ

▼我田引水《がでんいんすい》＝他人のことを考えないで自分の田にだけ水を引きいれることから、自分に都合よく考えたり、強引に物事を進めたりすること。

▼瓜田《かでん》に履《くつ》を入れず＝瓜《うり》畑で靴を履き直すことは、瓜泥棒に間違えられることがある。そこから、疑念を招くような行為や行動はつつしむべきとの意味。

▼人は人中《ひとなか》、田は田中＝人は大勢の中で育つのがいい、田は真ん中にある田が一番いい田であるということ。

▼田もやろう畦《あぜ》もやろう＝分別なくなんでも与えるということ。すなわち、相手の言いなりになる意味がある。

カブや大根では食ってはいけぬ

畑で獲れる「カブ（蕪）」と「株」とをひっかけていることわざだが、株といえば今では株式市場の株を想像するのが当たり前になっている。けれどここで問題にしているのは、信州での古い村社会での話。村にはどの村にも、旧家と呼ばれる家がある。その村を村として成立させる先駆けとなってきた数軒ほどの家々だ。そうした家は封建的な身分制度が確立した江戸時代から、身分・資産・業務などが公的に認められて、家長がその権威を引き継いできた。その価値を旧家の「株」と呼んでいる。

だが、その権威に寄り掛かっていてはダメな時代になってしまっている。カブや大根では食っていけず暮らしがなりたたないという理屈同様にだ。よって、このことわざは時代に適した仕事を開拓していかなければならない――という意味。

これを現代におきかえて考えると、家系がどうであれ、このめまぐるしい社会の変転を乗り越えていくには、新しい価値観からの発想が必要とされる、ということだろう。人によってはあらゆる試みをしている。旧家の酒蔵で開かれたギターの演奏会に行ったことがある。酒蔵とギターの響きとはまことに妙な取り合わせであったが、そこに流れる哀愁をおびたメロディーには感動した。経済成長が行き着いた先に、過去に存在したものの良さを人びとは見直そうとしている。そのことに早くから気づいて町づくりをし、成功したのが栗と蔵の町、小布施町でもあった。

一緒に考えたいことわざ

▼**親の七光**＝親が維持してきた権威や地位、業績を受けているために恩恵にあずかること。または、それをかさにきて威張ったりすること。ほめた言葉としては使われない。

▼**株を守りてウサギを待つ**＝畑を耕していた農民が、木の切り株に当たったウサギを手に入れ、それ以来農作業をやめて木の切り株の番をすることになった故事から、古くからの習慣や過去の成功体験にいつまでもこだわっていると、進歩がないということ。

▼**古川《ふるかわ》に水絶えず**＝一見水が流れていないような川でもその底ではしっかり水が流れていることから、旧家などの基盤がしっかりしているものは、衰えてもたやすくは滅びないということ。

働けば凍るまもなし水車

のたらん、のたらんとしてなまけていると、何事も成功するはずもない。あの水車を見習いなさい、というわけだ。

「使わぬ刃物は、すぐさびる」こんなことわざに言いかえてもいい。働くとは、原始時代からからだを動かすことを意味していた。やがて紙が生産されるようになると、宮廷貴族社会から紙にモノを書く官吏《かんり》の仕事や、紫式部《むらさきしきぶ》のような文学の世界もひらけた。文学となると、からだを動かさない。が、現代ではおおいに社会に貢献している。

文学に限らずいちいち挙げるまでもない知的生産にたずさわっている人びとが多数いる。イソップのキリギリスは、非難される存在として描かれているが、ある狭い寓意《ぐうい》での解釈にすぎない。音楽家も、優れた存在だからである。

ところでアリだが、ある発達生物学の研究成果からわかってきたことは、アリはせっせと隊をなして休まずに働いているように見えるが、じつは見かけとおおいに違うところがあるらしい。つまり、蟻は、一生懸命働いている蟻は二割、普通に働いているアリが六割。そして残りの二割は遊んでいるのだと。それなら働かない二割の首をきってしまえばいいと実際に実行して観察したところ、やっぱり二割の働かないアリが出ることがわかったという。ここからは私の付け足しだが、遊ぶアリというのは、なんらかの役目を果たしているのではないかと考えられる。じつは遊ぶようなことも大事なのだ。遊んでいるあいだに、偶然的に新しいエサを発見する——。よって、そこに全体への貢献があるから。遊び人に見える芸術家の仕事も人類への希望や指針、そして慰めを与えてくれる。ただし、ピアニストが一日休めばそれだけ腕がにぶると言われるように、刃物でいえば錆《さ》びるものなのだ。厳しい世界である。

「働く」に関係したことわざ

▼**かせぎに追いつく貧乏なし**＝不平・不満を抱かず、毎日一生懸命働いていれば、しだいに暮らし向きは豊かになるものだということ。

▼**転がる石にはコケが生えぬ**＝よく働いている人は健康で生き生きしているということ。職業や住まいをころころ変える人は大成しないという意味でも使われる。

▼**粉骨砕身**《ふんこつさいしん》＝骨を粉にし、身を砕くことで、全力を出すこと。また、努力して一生懸命に働くこと。

昼寝は八朔《はっさく》まで

私が子どものころは、村じゅうの家々が農家だったから、夏場など田畑から上がって昼飯を食うと、その後、大人はかならず昼寝をした。

子どもは寝てなんかいない。バケツを持って川へ魚捕りに出る。田んぼに放し飼いにしてあったコイまでたくさんつかまえて、田んぼの主に追われたこともある。

さて、このことわざだが、いくら涼しい信州でも、野良仕事にしろ、大工職人の仕事にしろ、八朔（陰暦の九月一日）までは、昼寝をしないとこたえる。だが、それを過ぎても昼寝をするのはまぬけだ、というわけである。

最近は、村や町でも勤め人が多くなってきて生活時間がバラバラだから、あの静かな昼寝時間が守られているところは、あまりないであろう。昼寝の場所は、**「夏の木の下寒コタツ」**のことわざがあるぐらい、木かげのもとでが適している。

信州生まれのことわざではないが、**「親が死んでも食休み」**はよく知られている。それほど食休みは健康にいい、というわけで、江戸時代には、**「食後の一睡万病円《いっすいまんびょうえん》」**ということわざもあった。万病に効くとされた丸薬にひっかけてのことである。

天気のことわざ

一里一尺《いちりいっしゃく》

これがまあ　終《つい》の栖《すみか》か　雪五尺　一茶

小林一茶の里、信濃町柏原は、信州の北端に位置している。同じ北信でも、飯山やそのあたりの標高の高い山に登るとさらに雪は深くなる。

子どものころ、善光寺の鐘つき堂を境にして、北に行くにしたがって、積雪が多くなると教わってきた。夕立の降り方のように、そんなにはっきり区別はできないが、言い方としては目に見えるようでおもしろい。だが、このことわざの一里一尺のほうが実感がある。この言い方は中野市以北で使われる。

一里、つまり約四キロ歩くと雪は一尺（約三十センチ）ずつ深くなるということである。そんな

信州の冬の雪景色

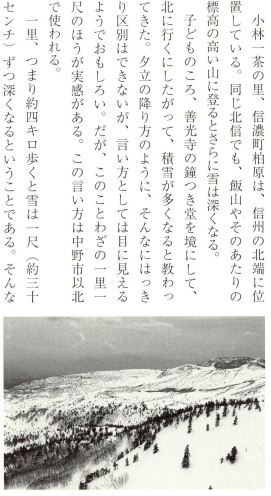

雪に埋もれて生活している人びとは、おのずと助け合って暮らしていかなければならないし、家の中では肩を寄せ合って過ごさなければならなかった。そこに人情、人間愛が生まれる。

また自然への畏敬《いけい》の念や信仰も生まれ、その結晶のかたちが民話、「笠地蔵（「蓑帽子地蔵）」」だ。そうした人情を、一里一尺の言い方で語ると、一尺ずつ雪が深いほうへ進むにつれて、愛や人情も豊かになっていくといっても過言ではなかろう。

現代でも過疎地帯へ行くほど、そういう姿がよく見られる。

「雪」の登場することわざ

▼柳に雪折れなし＝柳のように柔らかくしなやかなものは、弱そうに見えても、堅いものよりも丈夫であったり、堪える力がある。

▼雪は豊年の瑞《しるし》＝雪がたくさん降れば、その年は豊作になる。

▼わが物と思えば軽し笠の雪＝苦しいことやつらいことも、自分のためだと思えば気にならない。

頬《ほお》がほてると雪になる

赤面恐怖症だった少年時代の私は、かわいい女の子の前では、しょっちゅう顔を赤く染めていた。それでも雪にはならなかったけど。

さて、このことわざは、上田市近辺で言われていたようだが、敏感な頬が気温の変化を感じとった結果か。私自身のことを語れば、気圧や気温の変化を足の裏が感じて、異様な違和感や冷えに苦しむ。まるで両足裏に天気図が張ってあるみたいだ。

大雪の到来を早くに感じとってしまう昆虫、カマキリのことは最近の研究でよく知られるようになった。つまり、卵を生みつける場所を、大雪の年は普通の年より一段と高いところに選ぶ、という説。信州には、「鳥が高いところに巣をかければ大雪」というのがある。

また、「傷が痛めば雪がくる」とも。雪でなく、梅雨時期に「古傷が痛むと雨が降る」というのもある。よく年寄りが言っていたことを思いだす。なにしろ人間のからだは、天候・気圧に敏感なのである。

春になると花粉情報を気象情報とともにテレビで知らせてくれるようになった。私は花粉症とは無縁だが、どうしてこんな現象が起こってしまうのか。

最近は風邪、インフルエンザも悪性になってきて、マスク姿ばかりで美人もあわれ。その美しい顔が見られない周囲もあわれ。同時不況のようなものだ。

「頬」が登場することわざ

▼**カエルの頬かむり**＝カエルの目は後ろについているから、頬かむりをすると見えなくなる。すなわち、目先の見えないことの意味。

▼**義理はるより頬ばれ**＝体裁を飾ったり、義理を欠かないようにするよりも実利を優先したほうがいい。「**花より団子**」と同じ。

▼**頭巾《ずきん》と見せて頬かむり**＝頭巾のように見せているが、じつは頬かむりだった。外は美しくしているが、内はそうでないこと。

▼**一口《ひとくち》物に頬を焼く**＝一口で食べられる食べ物でやけどすること。そこから、ちょっとしたことに手を出して思わぬ失敗をすること。

寒明け七雪

私は北信の人間なので聞いたことがないが、これは南信州方面のことわざらしい。立春が過ぎても、まだまだ春遠く、七回の雪の日があって、ようやくほんとうの暖かい春が来るのだと。このことを知ったのは、北海道文化放送のU型テレビという番組の〝ソラキブン〟なる女性キャスターのブログである。札幌での二〇〇〇年から二〇一二年にかけての観測では、寒明けの雪が一センチ以上降った日が平均、三五・八日。十センチ以上の大雪が七・六日という。

ならば札幌より南に位置する長野県に話を移すと、どういうことになるのだろうか。南信州と北信の飯山などの豪雪地帯とでは大違いで、ひとくくりにできないが、あながち間違っているとも思えない。いずれにしろ、寒が明けても何回か雪が降るのは確かなようだ。

「三寒四温《さんかんしおん》」という言葉があるが、これはおだやかなじつによい言葉で、行きつ戻りつしながら、だんだんに春に近づいていく様子をよく表現している。安定した季節のめぐりがあることを前提にして生まれた言葉だ。だが、それはどうやら昔の話であって、今では四季の移り変わりも、神々の争いの時代に入ったのか暴力的でさえある。

「春」の登場することわざ

▼**冬来たりなば春遠からじ**＝イギリスの詩人、シェリーの詩「西風に寄せるうた」の一節。春・夏・秋とがんばってきたではないか、そして今は冬。ならば春はもうすぐそこだ。というわけで、人生に意訳すると、不幸に遭遇しても、その先にはかならず幸せな日がある。よって負けるなよということ。

▼**春植えざれば秋実らず**＝春に種まきをしなければ、秋に収穫できるはずがない。なにもしなければ、よい結果は得られないということ。

▼**年寄りの達者《たっしゃ》は春の雪**＝年寄りが元気でいるのは、解けやすい春の雪と同じで、油断できないこと。

▼**一場《いちじょう》の春夢《しゅんむ》**＝「一場」は、その場という意味。人生は春の夢のようにはかないものである。

▼**秋財布に春袋**＝秋につくる財布は「空き」（から）に通じるから避けるほうがいい。一方、春につくる袋は「張る」に通じるから大丈夫ということ。

朝霧《あさぎり》は晴天、夕霧は雨

霧ですぐ思い浮かぶのが、「鞭声粛粛《べんせいしゅくしゅく》　夜河を渡る」（頼山陽《らいさんよう》の漢詩）だ。川中島合戦の決戦のとき、上杉謙信の軍が、朝霧の中、粛々と千曲川を渡っていった。この漢詩は永禄四年（一五六一）の旧暦九月十日の故事をうたっている。今の暦に直せば十月二十八日である。このことわざどおりとすると、朝霧が深かったから決戦当日はよい天気だったということだろうか。

複数の気象の専門家の見方では、上杉軍の渡河のあとは、霧が晴れておだやかな天気だったという。『歴史に気候を読む』（吉野正敏著・学生社）によれば、この二日前に寒冷前線が通過、その後、高気圧が張り出してきて、放射冷却で朝霧が発生したのだという。

では、「夕霧は雨」はどうだろう。先の放射冷却によって生ずる〝放射霧〟とは違って雲が低くたれこめるほどになって、空気中に水分が多くなってきている状態だから、すでに霧雨となっている場合が多い。高原などでよく体験することだが、これは雲か霧かと思うことがあるが、雲と霧との違いは、大気中の水分が飽和状態になって、地面に接するほどになっているか、いないかによる。もちろん地面に接していないものを雲。

そうでないものを霧と呼ぶ。
夕方に霧であればもう、次にくるのは雨しかない。なお、このことわざは、信州の十月ごろを標準にしている。

「霧」の登場することわざ

▼**朝霧は、日照りのもと**＝高気圧になると霧が発生するため、暑い日になることもある。
▼**夜霧がでると明日は晴れ**＝晴れた夜は放射冷却で霧が発生しやすく、日中は晴天が多い。
▼**霧が山を下りてくると雨**＝山の霧は湿った空気が上昇してできるので天気は下り坂となる。
▼**五里霧中**《ごりむちゅう》＝深い霧に囲まれているように、どうしていいかまったくわからないこと。
▼**縁の目には霧が降る**＝縁があって結ばれている同士には、霧がかかっているように相手の欠点が見えないこと。

隣のボタモチと別所の夕立は来たことなし

上田盆地のことわざだが、「別所の夕立と隣のボタモチはきっと来る」と、まるで正反対のものもある。

まず、なぜボタモチが出てくるのか。映画「ALWAYS 三丁目の夕日」のころ、つまり昭和三十年代前半までは高度成長の入り口で、村落共同体の絆がしっかりしていて、隣近所の付き合いも、いい形で存在した。

家の造りも西洋式にレンガやコンクリートで固められていなかったから、隣でなにを食べているかも、ある程度はわかることが多かった。

当時はうまいモノの筆頭がボタモチだった。だから隣でボタモチを食べているのがわかったときにはたいへん。きっとおすそ分けでもらえるはずだ、いや、でも隣はケチだからなあ、来ない――。そんなやきもきした気持ちで過ごしたことが想像できる。

ここで問題にしているのはボタモチと天気、それも夕立のことだ。夕立となると、ほんのわずかな位置のずれで、来る、来ないが起こる。よって、二つのことわざが反対のことを言っているのもわかる。ボタモチも同じで来るか来ないか予想がつかないということ。

が、言い出した人は、両方ともかなり主観的な人間らしい。ついでに、「犀川口の雨と隣のボタモチは、きっと来る」というのもある。「犀川口」は「犀口」とも言う。

「夕立」の登場することわざ

▼夕立は馬の背を分ける＝夕立は馬の背中の片側を濡らし、もう片側は濡れないほどに局所的である。夕立のごく近い場所でも晴れていることがあること。

▼浅間の夕立は、かならず降って強い＝浅間に限らず、高山の多い信州は激しい雷雨に見舞われるので注意。

▼干ばつに凶作なし＝嘘つけ、と言われそうなことわざ。宮沢賢治は「ヒドリ」、つまり「日照り」ノトキハナミダヲナガシ（「雨ニモマケズ」）と書いたではないかと。だが、晴天続きはとくに信州のような高冷地のある地方ではうれしい。

▼夕立が二晩あれば三晩あり、四晩あれば五晩あり＝天候は、蒸し暑い日々が続くと、なかなか切れることなく続く。そうした日は、雷雨が発生し夕立が連続しやすい。

女の腕まくりと朝雨には驚くな

またしても女が出てくることわざ。しかも、「嫁」を扱うときと同様に、ネガティブな意味になっている。ことわざに「女」「嫁」「姑《しゅうと》」が出てくる頻度が多い社会は未成熟な社会である。

このことわざの意味は、朝に雨が降っていても一日ずっと雨降りになるわけではないのと同じで、女が腕まくりをしたからといって、たいしたものではない、ということ。驚くような仕事などできっこないんだからという侮蔑《ぶべつ》の意味をこめた言葉。

ところが上田小県地方には「おうなせぎ」という伝説がある。この人物が実在していたとの証拠はないが、多少ともそれっぽい人物がいたに相違ない。

昔、この地が日照りで苦しんでいたとき、嘆いてばかりいてはダメだと、「オレがなんとかする」と、髪を振り乱して人びとに号令をかけた女がいたという。はじめは、村人たちも「女になにができる」、という感じであったが、しだいに指示どおりに動くようになり、結局は神川《かんがわ》から水を引いてくることに成功した。よって、この地はうるおうようになったという話。

昔は農がすべての価値基準だったから、そういう中での女性の働きは低く見られていたが、現代はベンチャー企業をはじめ、あらゆる職種で働く女性の進出が目覚ましい。女の腕まくりは期待され、驚く時代になった。が、一方で差別はいまだに残る。

同じ意味のことわざ

▼能書きとチャボの時は、あてにならぬ＝クスリの能書きと、チャボが朝、時を告げる時刻はあてにならぬということ。

▼紺屋《こんや》の明後日《あさって》＝染め物の仕上がりは天気に左右されやすいので、客に約束した日には仕上がらない。そこから、あてにならない約束や期日をいう。

▼医者のただ今＝前項と同じで、医者に往診を頼めば「ただ今」と答えるが、あてにはならないということ。

飯縄《いいづな》曇れば、雨となる

善光寺平の人びとは、西の方面が曇れば雨の予兆としている。現代は、テレビなどのお天気お姉さんなどから、天気図により説明を毎日聞いているので、低気圧は西日本から北上してくることは誰もが知っている。それを昔の人たちは、経験で知っていたのだ。

私は長野市の生まれなので、遠くに見える飯縄山をあげたが、ほかの地方の人はそれぞれに親しみを込めて眺めている山を見て、観天望気をしてきた。安曇平の者なら、「**燕岳**《つばくろだけ》**に日があたると天気になる**」とかである。

子どもは、遊びたわむれたあとは、「明日天気になーれ」と、下駄を宙に放って地面に落とし、表が出れば、「あっ、晴れる」とか、裏が出れば「ああ、あ。雨だ」とか占って楽しむようなことをしていた。これはまったくの遊びだけれど、ツバメが低空を飛んでいるのを見て、「おい、明日は雨だぞ」と言ったりする者がいる。そして、これは本当に一夜明ければ雨で、当たっている確率が高いのだ。

この理屈は、ツバメのエサが小さな蚊などであることから説かれている。ようするに、低気圧が来て空気中の湿度が高くなってくると、蚊などの羽が重くなり、高いところを飛ぶことをやめるから、地上近くを舞うようになる。それをくちばしで取るツバメたちは、当然地面に近いところに降りてくる。じつにわかりやすい話だ。

明日の天気、またはわりと近い時間に来る予測にしぼって、ことわざを挙げてみれば、こんなのもある。まず、「三味太鼓《しゃみたいこ》の音がにごると雨になる」。低気圧が来つつあると、三味線の弦や、太鼓に張ってある皮が湿気でゆるむ。すると、音に変調をきたすというわけで、それは雨到来の予知となるというわけだ。現代ではバイオリンをはじめ、多くの弦楽器があるが、そういう現象を弾き手が感じたからといって、「雨が来るぞ」とは言わない時代になった。なによりも、マスコミの天気予報の精度が高いことを知っているからだ。

だが、これはどうだろう。「猫が顔を洗うと雨」。昔から言われてきたことわざの一つだが、それは信用できないという者もあれば、かなり信用できると説く者もいる。後者の理屈は、猫は湿気をいやがる性質があり、雨が近づいてくると、ヒゲの張りがなくなり敏感さがにぶり、獲物をとるのにさしつかえが生ずるため、ヒゲを磨くことをするのだそうな。けれど、わが家の老いたる猫は、そのような兆しを見せたことはない。おそらくこの説は、昔のようにネズミを捕獲した時代の猫を指しているのだろう。

菅平《すがだいら》に十一の字が出たら種まきどき

山にあらわれた雪形《ゆきがた》を目印に、さあ種まきしようなどというロマンチックな日本人の感性は麗《うるわ》しい。このことわざも、菅平にあらわれる「十一」の字を目印にしている。

昔から農民たちは、周囲の山々から、知らせや注意信号などを受けて、それにしたがって暮らしてきた。稲や大豆の種まきどきを山からの合図で知ってきたことは周知のとおりだ。善光寺平の東南方に見える菅平高原。そこに見えていた雪がしだいに消えて、やがて、残雪が中腹に十一の文字形に浮き上がって見えるようになったとき、「さあ、種まきだ」とばかりに、人びとはそわそわしだす。

テレビや新聞からの情報もない時代、農民たちは山への信仰とともに、山から「読む」ことを大事にしてきた。安曇野の人びとの間では、爺ケ岳の「種まきじいさん」、白馬岳の「しろかき馬」が有名。北信では、「黒姫の寝牛」や妙高の「農牛」。こうした雪形には、二種類ある。一つは、残雪が山肌の黒から浮き出て親しみのある形に見えるといったもの。もう一つは、反対に、雪面に山肌の黒が浮き出てある形となって見えるというものだ。人びとにとっては、そのような理屈はどうでもよくて、古い時代であればあるほど、それを神の啓示のごとく尊重してきた。

さて、ここまでは昔はこのように雪形を農業に生かしてきたという話だが、それだけにとどめておくのは、もったいないような気がする。誰もが幼いころ、空を見上げては、雲の形にライオンや鬼や誰それの顔に似ていると喜んだ記憶をもっているはずだ。それと同じ理屈で、早春の山を眺めながら、農業とは無関係に、雪形に想像力をたくましくして、芸術的楽しみを味わうのも、新時代の雪形と向き合う方法ではなかろうか。

長岡市の東部の東山丘陵には、古くからの伝承で言われていた「雪ネズミ」「アネサ」「川の字」の雪形の出現に加えて、今日では、「ブレーメンの音楽隊」だの「子鹿のバンビ」、それに「西洋貴婦人」なるものが浮き出てくるらしく、アマチュア写真家でにぎわうとか。時代を越えて人びとは、そこに物語を見たいのである。

山からのことわざ

▼浅間山に三度雪がくれば、里にもくる

▼高社山へ三度雪が降ると里へもくる

▼白馬岳に朝日が照れば、あとは天気が悪い

大雪は豊年のきざし

最近は、雪が降るといえば、道路を走る車が立ち往生して、死者が出るほどの豪雪に見舞われる時代となった。高速道などでの追突事故も同時にニュースとなる。産業の仕組みが農から商・工中心へと変化して、大雪は嫌われものになった感がある。スキー場でも、客が車や列車が立ち往生で来られなくなり、悲鳴をあげる。

ところで、農業を生業としてきた人たちは、冬の積雪が多いと豊年のしるしと喜んだ。しかし、そういって素直に喜んだのは、長野県では中南信や東信地方の人びとであった。さすがに豪雪地帯の飯山方面では言われない。

ではなぜ、東南信では大雪が喜ばれたか。理由はこうだ。冬期に雪が少ないこの地方では、厳しい寒気で土壌が凍結して、作物の根がちぢみあがり、ほどよく根を伸ばすことができないでいることが多い。農家にとって大切な麦など、早くに霜柱にやられて、成長に障害がともなう。麦踏みぐらいでは追いつかないでいるところへ、どっかりと雪が降ってくれると、ちょうど暖かい蒲団《ふとん》で覆われた感じになって、作物の根は嬉々《きき》として根を伸ばすことができる。結果として、それが豊作に結びつくというわけだ。

「**大根の根が細く長い冬は寒い**」ということわざがあるが、大根も同じで、根のよりよい成長には、暖かさが必要なのだ。よって、地中の根は、地面が寒いと、暖かい土はどこだ、どこにある——といった具合にそれを探すように伸びていく。細く長くなってしまうのは、土壌が寒かった結果である。だが、気候が温暖であったなら、そんなことをする必要もなく太い大根ができあがっていく。

また「**コブシの花が上を向いて咲く年は豊作**」というのがある。コブシと聞けば、「北国の春」の歌詞を思い出す人も多いだろうが、梅・アンズ・桜に並んで、コブシも春に日照時間が長いと、花は機嫌よく上を向いて咲く。それは豊作のしるしだというわけである。

豊作のしるしのことわざ

▼コブシの花が多い年は豊作
▼雷が多い年は豊作
▼八月の十五夜の晩に晴天ならば豊作

如月《きさらぎ》は「着更着《きさらぎ》」

二月を「きさらぎ」ともいうが、「春一番」の吹く時節でもある。春に直進するかと思いきや、寒の戻りで、暖房にかじりつくこともしばしば。「さて、一枚脱ぐか」と、油断しようものなら、風邪をひく。そんなこともあって、一度脱いだ着物をまた着る、といった意味で、「着更着」の文字をあてはめたシャレ。

イギリスの詩人、シェリーに「西風に寄せるうた」というのがある。その中にあるのがよく知られている「冬来たりなば　春遠からじ」だ。言わんとしている内容は、どんなにつらいときがあっても、それを耐えぬけば、きっと幸せのときが来るものだ、といった励ましである。冬をつらい季節ととらえているが、事実、冬の寒さと暗さにはまいってしまう。その心中には、春はまだか、まだかと待ち望んでいるじりじり感がある。そして、春一番が吹いたと報じられると、大げさにいうとちょっと夢ごこちになって、心がなごむ。

信州は内陸部なので、テレビでその到来を報じられてもピンとこない場合が多いが、それでも気持ちがやや浮き立つ。日本人は、自然に対する繊細な感情を抱く民族。とりわけ自然に囲まれた信州人は、フキノトウを雪の中に見つけたりするだけで、春を感じて喜ぶ。その感性をだいじにしながら優しい人間関係をきずいていったなら、自分も周囲の環境も変わることだろう。

『はなをくんくん』（文はルース・クラウス、絵はマーク・シーモント、木島始訳、福音館）という米国の傑作絵本がある。冬眠中だった森のネズミやクマなど動物たちが、春一番を感じたのか、はなをくんくんさせながら、てんでに新鮮なにおいのほうに走って集まっていく。その先にあったのは、雪の下からぽっとあらわれた黄色い一つの花であった。動物たちが感動するとともに、読者までがその喜びを共有できるので、幼い子どもたちにはぜひ読んであげて欲しい。

春の訪れを告げるフキノトウ

あばれ天竜《てんりゅう》、未年《ひつじどし》の満水《まんすい》

未年とは、ヒツジ年のこと。地震と違って集中豪雨に十二年の周期があるとは思わないが、歴史的にみて、たまたまヒツジ年に多かったのであろう。昭和三十六年（一九六一）のいわゆる三六災害《さぶろくさいがい》は、六月二十六日から六日間の梅雨前線による豪雨被害を伊那谷中心にもたらした。清内路村で一日の降水量が五八七ミリに達した。天竜川水系は氾濫《はんらん》し、大鹿村だけでも、五百戸が被害を受けた。

信州の歴史の中で災害が初めて書物に記載されたのは、私の調べたかぎりでは、天武天皇十一年（六八二）の「日本書紀」。信濃を治めていた国司が「秋七月二十七日（旧暦）」霜害、続いて大風（台風）で飢饉が発生して民が難儀しているから助けて欲しいとお上に懇願している内容の記述だ。

このような昔は、民は災害はすべて天災であり、祭りで神に謝罪して、あきらめるしかないと信じていた。が、やがては時代が推移して、「治山治水」といった言葉も生まれるようになった。ところが、アジア・太平洋戦争末期から、童謡「お山の杉の子」がさかんに歌われたことに象徴されるように、鉄材は供出されつくしてなくなり、代わりに杉の植林が奨励され、それをあらゆるものに使う計画が進み、山は杉で覆い尽くされた感があった。

それが戦後まで続き、風水害での山の崩落につながったといわれる。杉をせまい範囲に植え、間伐などの手入れもせず、ほったらかしにしておくと、根の張りが悪く森林の保水力がなくなり土砂の崩落を引き起こす。安い外材使用で、林業の後継者がなくなってきた戦後のあり方が今になって問われているのだ。

そういう現実は、社会問題なので、それ以上深入りしないが、私たちの暮らしが突然災害に見舞われたとしたら、なにをすべきか。というよりも、なにを持って逃げたり、行動すべきかが気になる。が、それぞれの市町村では、防災マップやそれへの備えについての実施計画ができているはずだ。ただ、関心のないままで日々を過ごしてしまっている者が、私を含めてなんと多いことか、と想像される。

三六災害の爪痕残る大西公園（大鹿村）

二百十日に風が吹かなければ、二百二十日に吹く

ていたのである。

「風」とは台風のこと。その期間に吹かなければ、その後にも警戒を忘れるな、と言っているのである。そうした体験的知恵は、季節のめぐりが順調に繰り返されてきたからこそ有効として引き継がれてきた。そのサイクルが狂ってきてしまった現代は、あまりにも無残な実態に覆われている。けれどこのことわざをかみしめてみると、先人のコメ作りへの愛情・気配り・命がけの警戒心が感じられて、農民たちの生き方の全貌までが見えるような気がして、気持ちがひきしまる。

「地球温暖化」と言われ、どれだけ年月が経っただろう。ことわざは、昔からの言いならわしで成立してきたものだから、地球温暖化にかかわることわざはない。インターネットに、「地球温暖化に関係した格言なり名言を学校で発表したいのですが、あったら教えてください」といった内容の質問があり、その答えを見たら、「地球温暖化にだまされるな」というきつい言葉があった。

別のブログには、「暑さ寒さも彼岸までと、よく言われますが、これもなくなりますか」と問うたのに対して、「変わってしまいますよね、死語です」と言い切り、「暑さ寒さも

地球しだいですね」だと。いずれにしろ、ことわざで、天気・気象関係を語るのは難しい時代になったことはたしかだ。

環境省の予測によると、今世紀末の長野県内の気温は、五度以上上昇するそうな。平成二十六年三月十八日付けの「信濃毎日新聞」には、その結果、作物がどのように影響を受けるか、簡単な表が掲載されているのでいくつか紹介しておく。

①コメ　成熟具合が悪くなる。

②リンゴ　着色が悪くなり、日焼けする。

③レタス　開花が早くなり、葉が十分育たず小玉になる。

こうなってくると、それ相応の新しい知恵が考案されたりして、次の世代に引き継がれていくことになろう。けれど、そこに生まれることわざがどんなものになるか、想像もつかない。

あとがき

現代ほど人びとが人間の運命や、人類の行く末について迷っている時代はないように思われます。経済がグローバル化し、市場原理が地球のすみずみにまで行き渡り、そのひずみによる文明の破壊や人心の荒廃が顕在化してくるのを実感しはじめているからです。

だからといって、その進行の歯車を止めることは困難になっています。そうした環境の中で人びとはよりどころとなる叡智《えいち》を求め、そのひとつとして、ひと際ことわざに注目する傾向が見えてきました。

ことわざは、昔から受け継がれてきた叡智の表現の結晶として、十分に見直される価値があります。そこであらためて今回は、信州のことわざを集め、今に生かそうと努めてまいりました。が、信州固有の、と限定しますと地域密着型の行事にまつわるものとか、その土地で言い伝えられてきた明日の天気の予報のことわざなどが圧倒的に多く、現代の知恵として生かすにはその幅に限りを感じました。

また、封建時代の家庭生活から生まれたことわざも多く、そのままでは受け入れられないものも多数ありました。そうはいっても、そうした時代の証として、採用しないでおくのはもったいないない──。そんな思いもあったりしたものですから、それらも紹介しつつ、なおかつ全国区で、〝知っているつもり〟のことわざも、信州や私自身の知見・体験などと関連づけながら採りあげました。

紹介するにつけては、メインになることわざをまず中心に据え、その解釈はもちろん、読みから派生した感想やドキュメントなどを綴り合わせる方法をとりました。

〝信濃（あるいは「信州」）〟を冠した〝ことわざ本〟は、昭和四十五年発刊の『信濃ことわざ歳時記』（向山雅重・市川健夫・信濃路刊）以来出版されておりません。よってこの小著はずいぶん久しぶりの郷土のその類の本ということになります。

調べてみて感じたことは、まず田畑で働く者がほとんどの時代は、その労働の価値から人物を見る習慣があったこと。例えば、「武石女に和田男」、「嫁は手を見てもらえ」など。そして、今でもよく問題にされますが、嫁、姑の間柄がしっくりいかないところからくる言葉が多いこと。

「朝日のチャッカリ、姑のにっこり」だの、「姑の留守は嫁の祭り」のようなものです。またいかにも雪国、信州らしい「一里一尺」、「シカのなくのが早く止むか、なかない年は大雪」といったものもあります。「大ズクありの、小ズクなし」も、言い得て妙と思える信州人のことわざです。

なお、信州人ならではの作物、蕎麦のそれが非常に多く、またなにかにつけ作物をもちだして教訓にしているおもしろさもあります。

なかなか概括しにくい仕事でしたが、幸いなんとか形にすることができました。これを機に皆さんがここからひとつでも明日に生きる知恵を汲みあげてくだされば幸いです。

最後になりましたが、あきらめかけていたこの仕事に再度火をつけ激励してくださったしなのき書房の林佳孝さんはじめ関係の皆様に厚く御礼申し上げ筆をおきます。

二〇一五年　四月

和田　登

索引

あ

い

和田登（わだ・のぼる）

1936年、長野県生まれ。信州大学教育学部卒業。「虫」で第1回日本児童文学者協会短編賞。「悲しみの砦」（岩崎書店）で第1回塚原健二郎文学賞。「武器では地球を救えない」（文渓堂）で第52回産経児童出版文化賞。「想い出のアン」（岩崎書店）、「キムの十字架」（明石書店）、「星空のバイオリン」（PHP研究所）、「十二歳の旅立ち」（講談社）、「松代大本営」（岩波書店）、「旧満州開拓団の戦後」（同）、「唄の旅人　中山晋平」（同）、「信州の民話伝説集成　東信編」（一草舎）、「キムの十字架の発見」（かもがわ出版）、「望郷の鐘」（しなのき書房）ほか多数。

ことわざ

2015年5月19日　初版発行

発行者　林　佳孝　発行所　株式会社しなのき書房
〒381-2206 長野県長野市青木島町綱島490-1
TEL026-284-7007 FAX026-284-7779

印刷・製本／大日本法令印刷株式会社

ISBN 978-4-903002-47-7